「自由」の思想史　その人間学的な考察

「自由」の思想史

―その人間学的な考察―

金子晴勇著

知泉書館

目次

目次

「自由」の思想史

――その人間学的な考察――

序論　人間にとって自由とは何か

はじめに

人間が動物と同じような単なる自然的な存在ではないことは、周囲世界に閉じ込められず、世界に向かって開放されており、決断によって自己の思想を実現する「自由」を初めからもっていることをみても明らかである。それゆえに、人間は生物学的な自然史に属していても、それを越えて歴史を創る力を発揮してきた。人間の自然状況と歴史の起源の問題は旧約聖書の創世記にある堕罪物語によって告げられてきた。最初の人アダムは楽園の木の実を食べることを神によって許されていた。しかし、こうした自然状態といえども無制限な自由ではなく、禁断の木の実を食べてはならないという掟が与えられていた。だが人が自分の考えで神の戒めを破ったことは、自然状態から自由の状態への変化をもたらした。カントはそこに人類における歴史の起源を憶測しており、禁断の木の実を自分の理性と意志の決断によって食し、罪を犯した点に関して次のように語っている。

こうして人間は、自分自身のために新しい生活様式を選択する能力をみずからのうちに発見したので、もはや動物のように自然から与えられたただ一つの生活様式に束縛されることがなくなった。人間はこのような長所が自分にあることに気づいて一時の快意を覚えはしたものの、しかしそのあとですぐに不安と危惧の念とを懐かないわけにはいかなかった（「人類の歴史の憶測的起源」篠田英雄訳、『啓蒙とは何か』岩波文庫、五九頁）。

ここに自由な決断とともに自然本能の支配から脱し、もはや自然の隷属状態に戻ることはないが、この決断は目の前の一時的な生活を享受するだけでなく、「将来のことをさまざまに思い設けて、これに対する期待の念をもち」（カント前掲訳書、六一頁）、未来に実現すべき目的を立てる。だが同時に将来の不確かさを思うと、不安と憂慮とを抱くようになった。カントは結論として「自然の歴史は、善をもって始まる。この歴史は神の業だからである。しかし、自由の歴史は悪をもって始まる。この歴史は人の業であるから」（前掲訳書、六五頁）とみなした。

同様の物語は『古事記』の日本神話にもでている。伊耶那岐は黄泉国に亡くなった妻を訪ねて取り返しにいったとき、伊耶那美は自分がすでに黄泉の国の火で作った食物をとり、黄泉の人となってしまったことを悔いて次のように言う、「悔しかも、速く来まさず。吾は黄泉戸喫《よもつへぐい》しつ」と。伊耶那美の悔いは食物をとった選択の自由に由来し、自由の認識根拠となっている。

世界史の始まりと意志の力

自由のないところに人間の歴史は存在しない。本能と欲望からなる自然生活には自由や選択また決断といったことはなく、したがって人間的な意味での歴史も存在しない。それゆえ歴史が生起するためには自然状態から見ると悪としか考えられないような罪によって自然状態が破られなければならなかった。もちろん人は悪に留まることはできず、自己の罪過を悔い、人間性の完成に向かってひたすら前進する以外に道は残されていない。それゆえシェーラーは正当にも「この世界歴史の始まりには罪があるのだ！　だからこそ悔恨の形式以外に永遠に再生の形式がいかにしてありえようか、あるはずはない」(『人間における永遠なるもの』亀井裕他訳、「シェーラー著作集7」白水社、八八―八九頁)と説いた。

わたしたちには霊性・理性・感性という認識の機能が所与として授けられている。こうした機能によって人間らしい認識がえられたとしても、それを通して人間的な世界である文化が創造されなければ、無意味となる。事実、文化として表現されたものはすべて人間の力によって創造されたものであり、そこでの創造の主体は人間である。総じて文化活動は、たとえば言語と芸術は人間の口とか手といった身体の働きによって形成されたものであって、そこには人間の精神が目に見える形で客観的に表現されている。言語は言語体系として、芸術は芸術作品として、それぞれ客観的に形成されたものである。しかし、それらを形成した人間は、創造的に行為する存在であり、その行為は主体的な意志によって起こる。この意志は理性と同じく優れた自然の賜物であって、これによって自由が実現する。

人間にとっての「善」はさまざまに考えられていても、人間自身の主体的生き方に直接かかわる意志が善でなければ、すべての善は無意味であるばかりか、悪となりうる。カントは天与の賜物を二つに分け、自然の賜物として精神の才能（たとえば理解力・機知・判断力）と気質の才能（たとえば勇気・果断・根気強さ）をあげ、幸福の賜物として権力・富・名誉・健康・満足な境遇をあげてから、これらを使用する任務をもっている意志が悪いと、これらはきわめて悪いものになる、と主張し、「わたしたちが無条件に善と認めるものはただ善なる意志だけである」と説いた（カント『人倫の形而上学の基礎づけ』野田又夫訳、世界の名著、二三四頁参照）。そこでこのように重要な意志のあり方についてもう少し具体的に立ち入って考えてみよう。

意志はカントにより「法則の表象に従って働く能力」と規定されている（カント前掲訳書、二七二頁）。それは理性によって示される道徳法則や目的に従って、選択したり、決断したりして行動を起こす力である。理性と意志は人間のなかでは分離できない形で結びついているので、意志は同時に理性的意志でもあるが、他面、意志は心の傾向性、欲望、情念、感情によっても引き寄せられがちである。人間の理性は光であっても行動を起こす力ではない。だが意志の方は理性の思慮分別に従って、習慣や惰性にうち勝ち、理性の示す目的に向かって決断する力である。そこに決断の自由が認められなければ、つまり必然性に支配されない自由意志がなければ、人間によって「善」は実現されることはない。しかし実際の日常生活では人は自ら責任をもって決断すること少なく、大抵の場合、社会のしきたりとか通念や常識を目安にして無為無策のうちに人生を浪費し、徒労に終わってしまう。

そこで、わたしたちは人間の本来的なあり方をもとめ、それを創造的な意志作用に基づいて考察してみたい。

行為的存在としての人間

人間と動物との基本的な差異には言語の発達が指摘されているように、言葉を語る人間はすぐれて行為的である。ギリシア語の「言葉」(ロゴス)が同時に「理性」を意味することはよく知られている。だが、こうした静態的な理解とは別に、言語のヘブライ的な動態的性格に注目する必要がある。そこでは語るということが行為的であり、創造的である。ヘブライ的な「言葉」(ダーバール)の意味は「後にあって前に追いやる」、「背後にあるものを前に駆り立てる」という意味である。したがってダーバールは動態的で「言葉」と同時に「行為」を意味する(ボーマン『ヘブライ人とギリシア人の思惟』植田重雄訳、新教出版社、一〇二頁以下を参照)。しかも近代に入ると人間は自己が「行動の主人」であるとの自覚に立って、自律的に行動するようになった。それはゲーテが捉えたファウストという人間像に典型的に示されている。つまり人間は主体的にして行動的であって、近代文化の特質はホモ・ファーベル(工作人)による科学技術に基づいて形成された。それゆえゲーテは『ファウスト』のなかでヨハネ福音書の冒頭の言葉「初めに言葉があった」を訳し変え、「初めに行為があった」と説いた。それゆえゲーテは新約聖書ギリシア語の背景にあって当時の人々が用いていたアラム語原典の深い意味の層にまで遡って訳したといえる（ボーマン前掲訳書、同頁参照）。

この行為的な人間像は現代の人間学でも支配的な姿である。たとえばゲーレンはそのような観点から「人間は行為する生物である」と人間を定義した（『人間――その本性および世界における位置』平野具男訳、法政大学出版局、三〇頁）。彼によると人間とは現実をも自己の「予見」や「計画」また「思想」によって主体的に変化させていく存在である（前掲訳書、一七頁）。それゆえ、わたしたちは社会の歴史の動的プロセスにも受動的に巻き込まれずに、社会に対し積極的に関与し、自らの信念に基づいて行動できる。したがって行為と文化こそ人間の本質を規定している、と彼は主張する。ゲーレンは行為によって自己を形成する「訓育」や行為によって創造される「文化」のみならず「道徳」も生物学的に追求し、自己保存こそ行動の根源であるとみなす。

しかし、このような人間生物学によって果たして人間の行動は正しく解明できるのであろうか。ゲーレンの言う「予見と計画」を立てること自体が人間的な自己認識に発しており、単なる生物としての欲求に基づいてはいない。人間だけが自己の有限性を知り、自覚的に目的を立てて行動し、それに献身できる。この種の自己認識は動物には基本的に欠如しており、この点にこそ人間の根本的な特質がある。

このように生物学な観点が現代の人間学の形成に重要な貢献をなしていることは認めるとしても、生物学の観点からは人間的な行為の前提となっている自由は理解できない。その本能によって環境世界に深く組み込まれている動物には、「世界開放性」はなく、行動の自由は根本的に制約されている。それゆえ生物学的な観点からは必然的に決定論に陥ってしまう。

決定論と非決定論

すべての行動は内的にせよ、外的にせよ、特定の状況の下に起こる。この状況に対しては二つの基本的に相違する態度と解釈がある。決定論と非決定論がそれである。

決定論にはマニ教の善悪二元論のように形而上学的な力によってすべてが決定されているという世界観や、ストア主義のように自分の思想以外は世界や社会に起こっていることは変えようがないという運命論があった。またスピノザは「自由なものと呼ばれるのは、ただ自分の本性的必然性からのみ存在し、自分自身から行動すべく決定されるものである」（『エティカ』工藤・斉藤訳、世界の名著、七八頁）と説いて、自由を必然性と結びつけて考える。ここから彼は「必然性の洞察が自由である」と主張した。こういう考え方に基づいてヘーゲルやマルクスは弁証法を展開させており、そこには社会的な決定論の傾向が顕著に示された。また、人間の自由意志を単なる偶然に帰し、人間は自由な「自己原因」ではないことから倫理的決定論が、さらに遺伝子の観点から生物学的決定論が、さらに意識下のリビドーから深層心理学的決定論がそれぞれ説かれた。

このようにさまざまな状況に見られる要因はわたしたちの行動に対して決定的であると解釈される。だが、実際は決定的要因とそうでないものとの混合から現実の状況は成立している。それゆえ、カントのみならず多くの人たちは、たとえ決定的要因が状況を支配していても、現実には人間が道徳的人格として行動できる自由をもっていると説いたのである。たとえば後期スコラ神学者オッカムは意志における「他であり得る」非必然的な偶然性によって自由を主張したし、実存哲学者ヤスパースはさまざまな限界状況に直面しながらも、なおその中で実存をとりもどし、主体性を確立しうる自由を説いた。

実存主義者のなかでもサルトルとキルケゴールとでは自由の理解が相違する。無神論に立つサルトルでは自由が人間の自己創造の力であると主張された。彼によると人間は自由に自己を形成する以外にはなく、「自由の刑に処せられている」。このような行動による自己創造の自由は、近代的人間の本質的特徴となった。これに対しキルケゴールは人間の自由は有限的なものであると主張した。人間は自由となろうと自己の力で立ちあがっても、その有限性のゆえに自らの支えを失い、目眩を起こさざるをえない。これが不安の現象を引き起こしているという。

また歴史家トインビーが社会的決定論に対決して文明の歴史を「挑戦と応答」から解明したことにも注目すべきである。

確かに人間は世界の中にある状況―内―存在である。この状況は外観的には固定し、不動のように見えても、実際は歴史とともに変化するし、きわめて長期的に見ると流動的である。わたしたちは過去を振り返り反省すると決定論となり、将来に期待すると非決定論となりやすい。過去と将来との交差する現在は両者を含んだ動的に発展するプロセスをなしている。こうした状況の内にあって適切な目的・意味・価値を立てながら自己を実現すべく行為するところに人間の使命があり、文化の創造・発展・再建が可能となる。

道徳と人倫

人間の行為が動物の行動と類似しながらも、決定的に相違しているのは「規範意識」であると思われる。このことはチンパンジーと幼児を比較してみると分かる。遊戯中に何かの弾みで乳母車がひっくりかえったとき、チンパンジーは車のうえに乗って遊びを続けたのに対し、人間の幼児はその車を元の位置に戻そうと試みたことが記録されている（ボイデンディーク『人間と動物』浜中訳、みすず書房、参照）。幼児はチンパンジーよりも記憶力において優り、先の車の正しい位置を鮮明に意識に留めている。

このような規範意識が作用して衝動的な行動とは基本的に異なる倫理的な行為が起こってくる。規範意識はさらに精神の作用によって内容的に高まり、人間としてあるべき理想を目的とした計画を実現する準備をし、そのための「道＝方法」を考えて実行に移し、それを実現するために自己を「卓越したもの」つまり「徳性」あるものと自覚し、文化的な世界を創造すべく行為に向かう。こうした人間の行為は「道徳」と呼ばれる。

こういう道理の体得は個々人が自らの自由意志によって獲得するように定められている。このような個性的な道徳の意識は心の深部に宿っている良心から起こってくる。つまり最も個人的な生き方の意識こそ良心の作用にほかならない。また、道理や理法はギリシアの昔に唱えられた「天地の理法」からはじまって自然法や実定法にいたる法として良心に示され、良心はこの法に照らして自己の行為を審判する。それゆえ道徳は人の行なうべき正しい「道」を客観的には法にしたがって、主観的には良心に照らして実行するようになる。

しかし人間の行動は、実際には社会の中で具体的に実践されている。家族・市民社会・国家がこの道徳が実践される場である。こうした社会的な道徳は一般に「人倫」と呼ばれる。それは日本語で人と人との間にあるべき秩序を意味し、古くは「五倫五常」として説かれていた。この人倫の五常として儒教が説いてきた道徳、つまり親・義・別・序・信は、父子、君臣、夫婦、長幼、朋友という間柄において人が実践すべき五つの不変的秩序を表しており、この秩序に基づいて人間の間柄関係は保たれてきた。

このような人倫的な共同体の中で生きる自己は、社会的自己もしくは人倫的自己である。それは大抵の場合、大衆人として平均化された俗人のように見える。しかし、その内実を見るなら、共同生活の中で特定の役割を担いながら、他者と具体的関係に立って社会的な責任を負う自己なのである。このような人倫の諸関係と秩序に生きることこそ人間らしい倫理の真の姿である。わたしたちは成人して選挙権を得て国家の政治に参加し、さらに結婚や就職をとおして家庭や市民社会に加わり、この共同を実現するように方向づけられている。それゆえわたしたちは慣習に過ぎない社会的な習俗を単に受容するだけでは不充分であり、また個人として自覚的に道徳意識に目覚めるだけでなく、積極的にこの社会的な歩みである人倫の道を進むように定められている。

意志は自由であるか

わたしたちは自由を多様な観点から考察することができる。しかし「自由」が語義的に「自らに由る」の意味であるならば、それは「自律」(autonomy)を意味する。この言葉は元来ヨーロッパ古代や中世の精神史では「自由意志＝自由な決定力」(liberum arbitrium)によって表現されてきたが、カントの倫理学以来「自律」として説かれるようになった。

アウグスティヌスの『自由意志論』にある「意志に優って自己自身の権能のうちにあるものはない」(『自由意志』III・3・7)と語られている自由意志は「意志決定の自由」(liberium arbitorium voluntatis)であって、それは本質的には「選択の自由」を意味する。この「選択の自由」についてアリストテレスが「その原理が行為者のうちにある人が、自発的である」(Physica, III, 2, 202a 10)と述べ、選択意志の規定の中にも意志の自律性は自発性という形で認められていた。しかし、ギリシア思想においては自然本性的な選択行為のなかに自由は単に「非必然性」として「他でもあり得る」ものとして倫理の基礎に置かれていた。そして一般的には政治的な意味での「労働からの自由」が享受されたが、それも奴隷制に依存していた。

ギリシア人の視覚的世界像においては人間も世界の事物の一つに属し、人間は客体的に見られた多くの類の一つに過ぎず、人間的な自己認識の特殊次元は拓かれていない。それゆえ、人間はコスモス(宇宙)の一部としての人間にすぎない。この世界はポリス(国家社会)の崩壊に瀕し、インペリウム(ローマ帝国)による再建の試みがなされたが、それは挫折し、滅亡の兆しが濃厚に現れてきたとき、キリスト教による社会の再建が始まった。

この再建の最大の試みはアウグスティヌスによって遂行された。彼の自己認識はギリシア的な世界の一部としての人間ではなく、人間そのもの、矛盾と謎にみちた人間なのである。彼は言う「わたし自身がわたしにとって大きな謎になった」と。「謎」(quaestio)とは「問題」のことで、いまや人間が大問題となって彼の前に立ちはだかっている。この謎は簡単には解けない、人間の心における深淵である。「人間そのものが大きな深淵(grande profundum)である」(『告白録』IV, 14, 22)。ここから人間の自由も神の恩恵との関連で考察されるようになった。

わたしはこのような問いが近代の自由思想の根底に存在し、近代的自由の源流をなしていると考える。そこで中世思想史のなかで自由意志がいかに理解されてきたかをまず辿り、オッカム主義においていかなる発展を遂げてきたかを明らかにしたい。そこでは罪にまみれた罪責に苦しむ人間的な現実が真剣に追求されてきたことを想起する必要がある。それをもっとも鋭く表現したのがダンテの『神曲』である。地獄から煉獄に移り、罪からの自由を求めて精進する人の生き方に見事に表現されている。

自由を求めて彼は進みます。そのために

命を惜しまぬ者のみが知る貴重な自由です。
（ダンテ『神曲』煉獄編、第一歌、平川祐弘訳、講談社、一八四頁）

このような自由の探求こそキリスト教的ヨーロッパ文化が追求してきたものであって、それを自由意志によって探求してきたのであった。それゆえヨーロッパの知的な伝統においては、自由は政治的領域で論じられるのに先立って、人格的な問題として捉えられ、しかも最高価値である神との関係で宗教的に考察され、強固な土台の上に基礎づけられてきたのである。ここから自由をめぐる歴史上の大論争が生まれ、アウグスティヌスとペラギウス、ルターとエラスムス、ジュズイットとパスカル、ピエール・ベールとライプニッツの対決にまで発展し、今日のヨーロッパ精神の土台を形成した。

二つの自由

ところで、わたしたちは自由を一般に「障害や強制からの自由」として問題にする傾向をもっている。障害が除去されると、また強制がないと自由が増大したと感じる。しかし、このような自由は障害や強制がないという「消極的自由」であって、意志が自分で決断する「積極的自由」

から区別される。こうした強制のない消極性に政治的な自由の本質がある。現実には自由が一定の条件で成立することにより、自由の障害が除去され、もしくは緩和されて、自由は拡大する（バーリン『自由論』生松敬三他訳、三〇五―一九頁参照）。

それに対し自分の行動を何らかの外的な力ではなく、自分自身が担いたいと願うときには、自由意志という積極的な自由が問題となってくる。この積極的自由が文化の根底において創造的に作用して初めて、政治的・社会的・文化的自由も促進される。ヨーロッパ一六世紀の宗教改革はこの自由を宗教的に捉え、創造的な力を発揮して、新しい社会を生みだしていった。

ところが、一七世紀後半から起こってきた啓蒙主義は、その合理性の主張によって神の恩恵や人間の罪などを迷妄として排除したため、外面的な生活と科学技術によって繁栄をきわめるに至った。しかし内面的な精神においては無神論とニヒリズムに陥り、今日に至っている。この点ではヨーロッパを手本にして近代化を追求してきた日本でも、同じ精神状況にあるといえよう。この近代文化は宗教性を切り捨てて世俗文化を繁栄させてきたが、宗教のもっている文化形成力が今日再考される必要があるといえよう。

Ⅰ　古代社会における人間の地位と自由

はじめに

古代社会では人間の自由は、その奴隷制社会が存続する限り、本質的には認められていなかった。思想もしくは哲学の全体的な歴史的発展から考察すると、とりわけ古代社会における人間の意識と思想とを近代人のそれと比較するならば、人間の社会に対する関係が正反対なものになっていることが分かる。わたしたちはそれを次のような命題によって表明することができる。すなわち、「人間は社会のうちに拘束されていたが、その拘束を脱し、自由となり、理性的に社会を形成しようとした。しかしやがて自己のうちに社会的本性を自覚し、他者との共同の内に積極的自由を求めるようになった」。この命題を言い換えて、わたしたちは「社会の内なる人間」というあり方から出発し、やがて「人間の内なる社会」の自覚に到達していると要約することができる。

まず古代研究についてモルガンの『古代社会』、レヴィ・ブリュールの『未開社会の思惟』、デュルケームの『宗教生活の原初形態』などの優れた研究を参照してみたい。それによると野蛮時代と未開時代の生活形態が解明され、さらにクーランジュの『古代都市』やヴェーバーの『古代ユダヤ教』などの研究によって古代社会での生活の実態がきわめて明瞭になってきた。そこでは強力な社会的統制によって社会の秩序が維持され、人間が社会によって完全に拘束されていたことが明らかにされた。まさに古代社会こそ「社会の内なる人間」の実態を明確に提示しているといえよう。そしてほかならない宗教もこの拘束状態を補完するために利用され、信仰心に訴えて国家の統一がいっそう強固にされたのであった。

ベルグソンが『道徳と宗教の二源泉』のなかでこの点を強調し、社会の外的強制による統制のために設立された疑似宗教と人間性の解放に向かう真正な宗教とを区別し、前者の支配する社会を「閉じた社会」と呼び、後者に見られる社会を「開いた社会」と呼んだ。古代で栄えた民族宗教は一般的に言ってこうした疑似宗教の性格をもっていた。しかしベルグソンによると、ユダヤ教の預言者においてはじめて、民族の地盤から離れた、真正な世界宗教が誕生した（『道徳と宗教の二源泉』平山高次訳、岩波文庫、九四頁）。しかし、このユダヤ教の預言者といえども民族の現世的幸福という世俗的願望から完全には自由になれなかったのに対し、キリスト教は現世の権力からの人間の解放を説き、神との霊的共同体である「神の国」の福音をもってユダヤ民族から分離し、世界的な宗教として登場してきた。ところが人間を現世の権力から解放したキリスト教という宗教といえども中世において一つの教権組織をもつにいたると、この教権からの自由を人々は求めるようになった。近代人は理性によって自律し、理性的な契約によって社会を形成し、自己の自然権を放棄して理性的な社会契約に従うことで、結局は自己にのみ従う自律を貫こうと欲したといえよう。これこそ合理的な「人間によって形成される社会」なのである。

ところが合理化された社会では社会制度は整備されたが、近代の科学的技術社会になると今度は社会のほうが組織的に強化された仕方で人間を非人間的に処理するようになった。このような状況に追い込まれて初めて、わたしたちは近代的な意識としての主観性がもつ問題性に気づき、人間自身の本性の内に社会性が宿っていることに注目するようになった。近代的主観性のもっているこの問題性を徹底的に追求し、批判検討していった、マックス・シェーラーによって初めてこの点が説かれるようになった。彼の影響のもと今日、知識社会学とか人間学に関心を寄せている社会学者たちは、社会の統制システムが歴史的に形成されてきた過程に注目するようになった。

古代社会の一般的な特性

古代末期における社会の特質は中世社会とも近代社会とも相違している。そこで古代社会の特質を考察してみたい。また同じく古代社会に属するとはいえ、国家の概念が基本的な変化を受けていることにも留意すべきである。この点を古代の都市形態であるポリスから解明することができる。ポリスは都市国家とも訳されるように四方約一里、人口一万程度の都市の規模であり、アリストテレスはギリシア全土に加えて異民族をも含む一五八のポリスについて国制誌（ポリティア）を残したことが伝えられている（アリストテレス『アテナイ人の国制』村川堅太郎訳、岩波文庫、三〇〇頁）。そこでこのポリスの社会学的な特質をさし当たって考察し、さらに古代社会の二つの類型を問題としてみよう。

その際、わたしたちはギボンがローマ帝国という「この巨大な構造物はそれ自身の重みに圧されて潰えたのである」と示唆的に語っている点に注目したい（E.Gibbon, Decline and Fall of the Roman Empire, Vol. IV, 1897. p. 161. 岩波文庫版、第五巻四〇一頁）。彼によると衰亡の原因は何かしら内在的で自然なもの、そして生じた結果と釣り合ったものであった。そこでポリスという都市国家に内在していた問題が帝国崩壊の重要な要因であることが最近、ウォールバンクによって次のように指摘された。ポリスは歴史の推移とともに少数の支配階級と生産に従事した奴隷階級との二極分化が起こり、帝政時代にはいるとアテネにおいて実現したようなポリス古来の民主制の形態から次第に離れていき、初めは都市国家にすぎなかったローマ市に倣った政治形態に移行していった。都市国家は総じて少数の市会議員によって支配される寡頭政治の形態を採り、富裕な階級が権力を掌握し、自治の欲求でさえも他のすべての人々を支配しようとする傾向を醸成し、侵略的で略奪的となり、絶えざる戦争に駆り立てられた。この戦争は新しい奴隷を供給する源泉となり、奴隷制が家庭内から発展していって生産のさまざまな部門に侵入したため、生産技術の向上を抑圧し、低水準の技術を補う単なる労働力となった。このような「完全に低水準にある技術、とそれを補う奴隷制」こそローマ帝国が滅亡した内在的な原因であったと考えられる（ウォールバンク『ローマ帝国衰亡史』吉村忠典訳、岩波文庫、一八三頁。なお、この説を含めたローマ帝国の滅亡原因に関する代表的な一二学説についてチェインバーズ編『ローマ帝国の没落』弓削達訳、創文社を参照）。

事実、古代都市という共同体の市民の特質には、戦争そのものを自らの労働とみなし、経済的にも非合理な征服とか略奪の手段に訴えても富の増殖を謀ろうとする傾向が強かった。このことは古代アテナイの成人が誓約を交わした文言の一部に「われは聖なる武具を辱めず、祖国を我らが継承せしときより縮小することなく、むしろ大きくかつ良くしてこれを後代に伝うべし」とあるように、戦争による領土の拡大がポリスの聖なる労働と考えられていた（Lycurgus, Oratio in Leocratum, 77　アリストファネス『アルカナイの人々』村川堅太郎訳の解説一九七頁からの引用。ここからこの作品や『女の平和』に展開するアリストファネスの反戦思想が理解される）。

ところで、このようなポリスという政治形態とアウグスティヌスが説いたキウィタス（国家）とは社会学的に言っても全く異質な内容をもっており、ポリスという古代の国家形態とそれを原則的に超越したキウィタスという市民集団とはどのような関係にあるかが問われなければならない。そこには古代社会に典型的な姿で現れた「閉じた社会」と「開いた社会」という根本的な対立があるのではなかろうか。この点に焦点を絞って考察してみよう。

古代社会の対立する二類型

古代社会は原始時代から長期にわたって発展してきており、太古以来の特質を備えもっている。そのような特質の一つとしてベルグソンが指摘した「閉じた社会」という性格に注目してみたい（前掲訳書、三七、三九頁。彼は民族を統合するために使われた宗教を「疑似宗教」と規定している）。この点について古代史家クーランジュ（Fustel de Coulanges, 1830-89）はその名著『古代都市』で、古代都市の起こりを家族から都市にいたる発展過程として捉え、その上で古代社会の特質を指摘した。

ギリシア民族の成立

紀元前二千年のギリシア人の生活は半遊牧民のそれであり、血縁的な祭儀団体をなして営まれた。ホメロスの描く家庭生活の有様は夫婦・子供・召使からなり、家庭をそれぞれもちながら家族は「共同の竈」による祭儀的統一を保っていた（『古代都市』田辺貞之助訳、白水社、七一―七二頁。この統一のため「竈・墓・家督などは元来分割してはならないものであった。したがって家族も不可分であった。この不可分の家族、これこそまさしく古代の氏族であった」）。この家族宗教は家族が他の家族と混合することを禁じながらも、各家族が自分の宗教を犠牲にすることなく共通の祭祀を営むために集まることは可能であった。そこで家族が統一されて「支族」（フラトリアつまりクーリア）を結成したときに、家族神とは別のすぐれた神を立て、支族統一の支えとした。また支族が集合して「部族」（トリブス）を形成するときも、部族が連合して「都市」（ウルブスからキウィタスまで）を構成するときも、事情は同じであって、ここからギリシアの多神教の成立が理解できる。こうして「数個の家族が支族をつくり、数個の支族が部族をなし、さらに数個の部族が都市を形成したのである。したがって、家族、支族、部族、および都市はどれも全く類似した社会で、一連の結合によって順次に上位のものの母体となったのである」（クーランジュ前掲訳書、一八九頁）。

この都市は国家として絶対権を行使したため、古代人は個人としての自由を全く知らなかった、とクーランジュは次のように語っている。

都市は宗教にもとづいて建設され、まるで教会のように構成されていた。都市の力はそこに始まり、またそこから都市の全能性や市民の上におこなう絶対の主権も由来した。このような原則のうえに立てられた社会には、個人の自由はありえなかった。……市民はなにごとにつけても無制限に都市に服従した。そして、心身ともに都市に従属していた。国家を生んだ宗教と宗教を維持する国家とは、相扶相助の関係にあって一体をなしていた。相結合し混淆したこの二つの力は、ほとんど超人間的な勢力をもち、市民の精神と肉体とはどちらもこれに隷属していた（前掲訳書、三二四頁）。

　ここのように古代社会においては人間としての自由はまったく認められていなかった。身体も精神も、衣服も教育も自由を奪われていた。子供も国家のものであり、国家の利益に反する人物は「貝殻追放」によって国外に放逐される予防策さえとられた。ローマでは国王になろうとの意志をもっている者を殺害できる法律さえ作られた。「国家の安寧が最高の法律である」との格言は古代社会に生まれたものである。たとえばソクラテスはアテナイに対する犯罪者、つまり青年に対する有害な教育者にして、無神論者であるとの廉で処刑された。このことはプラトンの『ソクラテスの弁明』が詳しく報告している通りである。とくに、ここで言われている無神論というのは国家公認の宗教を認めないという意味である。宗教も国家を統制するために使用されており、すすんでは国家自身が疑似宗教の特質を帯びていた。そこには「閉じた社会」の特徴が明らかに露呈された。それゆえソクラテスは、心に語りかける神を信じて疑わなかったとしても、国家公認の宗教を認めない無神論者として処刑された。古代社会においては宗教は民族を統合するために制定され認可されたものであった。

　しかし、古代社会において宗教が国家によって利用されたのには理由があった。ニーチェが指摘したように、人間は元来漂白的であり、気ままで移り気であったので、古代人が社会秩序を樹立することはきわめて困難であった。実際、個人を公共の理性に服させるためには、物質・利害・哲学・因習よりも強固で不変な力に頼らねばならなかった。それこそ信仰の力にほかならない。クーランジュによると信仰は人間の自由な発意から生じたものであっても、超人間的な力を発揮する。彼は言う、「人類は自然を征服できるが、自分の思想には奴隷のように屈従する」（前掲訳書、一九三頁）と。たとえば、アテナイは共通の神としてアテナ女神を選び、女神を祀る神殿をアクロポリスの丘に建てた。しかし、このように部族が共同の信仰をもって統合せざるを得なかったのは、共同防御の必要という軍事的要因にあったというべきであろう。確かに都市国家のあいだには絶えざる闘争が繰り返され、無数の国家が割拠して対立しており、ペルシア戦争では一致団結して外敵に当たったが、やがてペロポネソス戦争が起こって、ポリスは相互に戦い、刺し交えて壊滅した。したがってポリスは防衛組織であり、かつ、宗教組織でもあったと言ったほうがいっそう適切であろう。

その際、他民族の征服によって大きくなっていったポリスは、征服者のみが市民権を獲得し、他方経済的理由で拡大していったポリスは、全市民によるデモクラシーに向かった。前者の代表がスパルタであり、後者の代表がアテナイであった。だが、後者はむしろ例外であり、主たる傾向は前者の形態であった。したがって少数の市民による貴族政体から僭主（「賢明で力ある指導者」の意）政体を経てデモクラシーに移行していった。また、征服によって市民権を得た少数者は被征服民を奴隷とし、経済的有力者は破産者を奴隷にした。このような奴隷制に立ったギリシアの政治は少数の自由な市民権をもった者だけが国政に参加するという特質をもち、デモクラシーもそのような市民の間で実現したにすぎない。

イスラエル民族の成立

次にわたしたちはもう一つの古代社会の形態に注目したい。そこでの民族の成立となる部族連合には、ギリシアのポリスと同じく軍事的要因が重要となっているには違いないが、新しい唯一神によって部族が連合したのは、強力な神によらなくては生存の余地がなかったからである。このような状況についてイスラエル民族の歴史によって考察してみたい。

宗教による部族連合はギリシアのみならず、イスラエル民族の成立でも認められる。モーセによるシナイ契約の記事は歴史以前の伝承にすぎないとしても、ヨシュアによるシケムの契約は、シナイ契約の更新という形式をとったが、歴史性は高いといえよう（それは、古代エジプトの支配から逃れて、被支配部族が「宗教連合」（誓約共同体）によって防衛組織を造りあげたことを意味する）。その際、イスラエルも古代社会と同様に家族から氏族、氏族から部族へ拡大したが、エジプトから逃れてきた部族とイスラエルの地に残留していた農民の土地所有者からなる部族とが契約を交わして統合し、民族を結成した。ヨシュア記では部族がすでに諸都市と村々からなっていた。

ヴェーバー（M. Weber, 1862-1920）はこの連合を「祭祀共同体」として捉え、ヤハウェの熱心な担い手であった「小家畜飼育者」（デーリーム）が農民の氏族を巻き込みながらそのなかに入っていく過程として理解した。彼は『古代ユダヤ教』のなかでイスラエル民族を他の古代民族と比較して、それがパーリア民族（Pariavolk 賤民）の性格をもち、周囲の世界から遮断された客人民族であった。彼らは現実の世界秩序が神の救済の約束によって変革されると信じていた。それゆえ「古代ユダヤ人の生活態度は、政治的および社会的革命が将来神の指導のもとにおこなわれる、というこうした観念によって、すみずみまで規定されていた」（『古代ユダヤ教』内田芳明訳、みすず書房、六頁）と言う。

このパレスティナの山地に広がった小家畜飼育者からなる部族は、士師という裁き司のカリスマ的指導者によって導かれていた。しかしダビデのような強力な王の出現によって一二部族の国民的統一が達成され、部族連合が国家の形で実現するようになり、都市エルサレムの支配が確立された。その後、イスラエルを襲った危機と苦難の時代に登場した預言者たちの活動によって唯一神への信仰は、イスラエル民族の枠を超える全世界を支配する神に対する信仰にまで高まり、契約は地上の部族間の取り決めをはるかに超えて神と人との永遠の関係が説かれた。ここに部族間に交わされた「契約」が思想的に深化されて「開いた社会」を形成するようになった（ベルグソンは預言者の思想の内に「開かれた社会」を把握した。前掲訳書、二九四頁参照）。

「閉じた社会」から「開いた社会」へ

古代社会は地縁的・血縁的共同社会から成立しているかぎり、本質的に「閉じた社会」であるが、ギリシア哲学とそこから生まれた社会思想は閉じた社会として成立したポリスの崩壊に直面して普遍的な理性の観点からポリスの再建をめざし、それによって開いた社会への方向をとるようになった。とくに、国家権力に迎合的であったソフィストと対決したソクラテスは、対話活動を通して正しい理性的営みによって国家的悲劇を回避しようと努めた。この精神はプラトンの国家哲学を生み、普遍的理性の視点から「開いた社会」への道を拓いた。ただしポパーはその著作『開いた社会とその敵』によって全体主義の思想史的根源をプラトンのもとで捉え、プラトンをその国家主義のゆえに批判した。

さらにアリストテレスの時代になるとポリスからアレキサンドロス大王によって形成されたへ

レニズム世界に移り、キケロの「世界市民」の倫理が説かれた。

さらにポリスの内部構成に目を向けるとそれはクレーロス（Kleros「籤」という名の分割所有地）からなり、初めは少数の貴族がそれを所有していたが、農民もそれに加わり、デモクラシーが普及していった。さらにペルシア戦争以後には土地をもたない人にも市民権が与えられて、ソフィストの活躍する啓蒙時代となり、それを批判してソクラテスが、続いてプラトンが登場した。

(1) プラトンとアリストテレスの国家学説

プラトンはソクラテスの教えに従って国家哲学を確立した。ソクラテスのソフィスト批判はソフィストの弁論術がときに弱論強弁の論争術に陥り、詭弁術となって弱肉強食の権力主義に仕える態度に向けられた。それに対しソクラテスは「大切にしなければならないのは、ただ生きるということではなくて、よく生きるということなのだ」との原則に立って、死を賭けても「よく生きる」善の実現に努力した。死に臨んで彼は「人間にとって最大の価値をもつものは、徳であり、なかでも正義であり、合法性であり、国法である」（プラトン『クリトン』田中美知太郎訳、新潮文庫、九八頁）と語った。この精神からプラトンの国家学説は誕生した。

彼は『国家』のなかで人間の最高の徳である「正義」について論じる。正義は普通には政治的な徳であったのに彼によって魂の内なる正義の根源から探求された。したがって、彼は「国家」を問題にしても法律（立法論）・政治の技術・政治情勢の分析等には関心を示さないし、特定のポリスとも地域ともまた種族との関連もない。しかも彼の関心は魂を理論的に解明するのではなく、むしろ実践に向けて教育することにあった。だからイェーガーは「国家と社会の解明によってプラトンはギリシアのパイデイアの永続的で本質的前提の一つを哲学的に説いた」と主張した（W. Jaeger, Paideia. The Idea of Greek Culture, Vol. II, p.199）。パイデイア（Paideia）とは教育・教養から文化一般をも意味する。また、大がかりに展開した政治の類型も魂のさまざまな態度やタイプの表現として解釈された。つまり、プラトンは国家に役立つ有為な魂の育成を究極目的とした。その際、彼は「哲学的問答法」によって「真実に有るもの」を探求し、理性的に国家のあり方を考察する。こうしてギリシア神話に基づく国家の建設は無意味であると説いて、神話よりも優れた根拠として「善のイデア」を設定し、このイデアにしたがって国家と社会とは変革されるべきであると説いた。こうして普遍的理性また神的イデアの根源から「開いた社会」への思索が展開する。実際、国家に普遍的で理性的な選択への決断を促したことが、プラトンの『国家』の最大にして革命的な原理である（カッシーラー『国家の神話』宮田光雄訳、創文社、九二頁）。このことは同時に古代社会の「閉じた社会」としての現実を普遍的な理性の立場から批判的に超克し、「開いた社会」に向かうことを意味した。ここにわたしたちは彼らの自由の思想の本質を把握することができる。

だが、アリストテレスはプラトンのイデア論を批判し、現実に生成するプロセスのなかにイデアが形成されている点を力説した。彼は経験的事実の研究を重んじる現実的性格の持ち主であって、プラトンのように高い理想をかかげるよりも、目前に迫ったポリスの崩壊の現実を直視するように強いられた。時代は急激に変化していた。彼にとって倫理学はポリスの構成員としての善い性格を形成する学問である。彼は言う、「まことに、善は個人にとっても国家にとっても同じであるにしても、国家社会（ポリス）の善を実現し保全することのほうが、まさしくより大きく、より究極的であると見られる。けだし、単なる個人にとってもその善の実現は好ましいが、種族や国家社会にとってはその善の実現は、個人の場合以上にうるわしく神的だからである」（アリストテレス『ニコマコス倫理学』（上）高田三郎訳、岩波文庫、一七頁）と。というのは、人間が個人としては自足的でなく、共同体（コイノニア）によってだけ真に自己の本性的なよい生き方の完成に達し、共同体も家・村・都市と発展し、都市国家（ポリス）のもとで完成するからである。このように人間が共同体を形成して生きるものであることは『政治学』の冒頭から「人間は本性的に国家社会的動物である」と説かれた（アリストテレス『政治学』1253a 山本光男訳、岩波文庫、三五頁)。アリストテレスは現実の国家形態を統治者の数によって三つに分けた上で、最善な形態を探求し、その権力が支配者の利益のために行使された場合の脱落形態を問題にした。

(2) キケロの国家学説

ヘレニズム時代に活躍したキケロの思想はこの時代に栄えたストア哲学の影響のもとに形成された。ストア哲学の開祖ゼノンはアレクサンドロス大王に始まる世界主義的国家という理想を掲げて、個々の民族国家の形態を超えた全人類的世界国家が一つの神的ロゴスによって支配され、法と生活および秩序もすべて一つにすべきであると説いた。この人類に共通な法という考えにより「世界国家」、および「世界市民」に立った思想が成立した。また、クリュシッポスは「種子的ロゴス」説によって人間が神の法を本性的に分有していると説いた。ここからローマの万民法が「自然法」もしくは、「共通の生得観念」によって基礎づけられた(この自然法は一般には次のように規定されている。①他人を害してはならない、②誠実に生活しなければならない、③各人にそれぞれの分を得させせなければならない)。これを踏まえてキケロは狭いポリスから個人を解放し、人間性の自由と平等とを高らかに歌ったが、内的な思想の領域での心情的な自由のみが力説されており、人間の力の及ばない社会・政治・制度に対しては、これを変革するというよりも、運命として受容するように説いた。

このようにしてキケロは世界市民の立場に立って「閉じた社会」であったポリスから個人を解放し、普遍的理性と万有在神論的な神によって宇宙大に開かれた展望をもったが、現実には心情の世界に逃避する単なる理想主義に後退せざるを得なかった。

（3）　イエスの「神の国」思想

ギリシア・ローマの多神論とは相違してイスラエル民族の場合にはヤハウェという唯一神によって国家が形成されたため、現実の民族と国家とが超越神によって審判される思想が預言者たちによって説かれた。ここから民族を超えた超越的な「開かれた社会」が誕生した。この預言者の系列に属するものとしてイエスが登場し、「神の国」という新しい人格共同体を創造した。これに基づいて古代末期にはアウグスティヌスの国家学説が形成された。

ところでイエスの「神の国」運動は、メシヤ（ヘブライ語で「油を注がれた者」の意、ギリシア語では「キリスト」と訳される）待望の政治運動と誤解されたが、そこでの「国」（バシレイア）は地縁・血縁的なものでも、政治的な運動でもなく、どこまでも純粋に宗教的な運動であった（この点に関してトレルチ『キリスト教社会哲学の諸時代・諸類型』住谷、山田訳「トレルチ著作集七」ヨルダン社、一八八頁を参照)。
トレルチによると次のような五つの事実が認められる。
①イエスは基本的に虐げられた人たちや貧しい人たちに語りかけた。
②イエスは富を魂に危険なものとみなし、またユダヤの祭司貴族たちと支配的な神学者たちと対決した。
③初代教会は信徒を都市の身分の低い層に基本的に求めていき、事実、見いだした。
④二世紀になってようやく教養と資産のある上層の人たちが信徒に加わりはじめた。
⑤上記の加入はひどい摩擦を起こさないで行なわれた。
これとは別に三つの基本的事実をもトレルチは確認できると主張した。すなわち
①新約聖書と初代教会の文献は社会問題を提起することを何も知らない。
②中心的関心は魂の救い・宗教・死後の生活・純粋な礼拝・正しい共同体の組織・信仰の真理についての実践的証明・聖性についての根本原則の確立である。
③初めから階級の相違はなく、それは永遠の救いと内面性のなかで消えている(『古代キリスト教の社会教説』高野晃兆、帆苅猛訳、教文館、三六頁)。
キリスト教は宗教の衣を纏ったプロレタリア運動とか奴隷の蜂起といったものではなく、また

時代の社会情勢に直接その起源をもたず、むしろ古代の宗教運動全体から理解されるべきである。それはイエスの説教と新教団の形成から確証される事実である。

さらに、国家にとって重要な問題である奴隷について言うと、奴隷たちが教会内で盛んに活躍しているが、そこに社会改革的な性格が見られず、彼らがそこで兄弟としての承認を進んで求め、それを得たことが知られる。

なお、初代教会の共産的生活についても特別な政策がそこにあったわけではない。聖書には「信じた人々の群れは心も思いも一つにし、一人として持ち物を自分のものだと言う者はなく、すべてを共有していた。……信者の中には、一人も貧しい人がいなかった。土地や家を持っている人が皆、それを売っては代金を持ち寄り、使徒たちの足下に置き、その金は必要に応じて、おのおのに分配されたからである」（使徒言行録四・三二―三五）と記されている。この生活形態を他の共産主義と区別してトレルチは「宗教的愛の共産主義」と呼んだ（トレルチ前掲訳書、七六頁参照）。これはイエスの生存中には組織されず、彼を追憶する共同体の中から形成された。そこには社会的な民族の復興運動は見られず、財の共有を愛の表現とみなす、消費の共産主義である。

それゆえキリスト教の社会的な意義は「キリスト教のお陰で、人間が人間としてすべて自由であり、精神の自由が人間の最も固有の本性をなすものであるという意識に達した」（ヘーゲル『歴史哲学』（上）武市健人訳、岩波文庫、七八頁）というヘーゲルの言葉によってもっとも適切に要約できる。ここにわたしたちは本来の人間の自由が実現していることを確認することができる。

古代末期の社会構造

キリスト教古代と称せられる時代に活躍したアウグスティヌスによって『自由意志論』が書かれるようになり、「自由思想の歴史」が開始する。そこで終わりに古代社会の状態について彼の生活に即していくつかの点を考察しておきたい。

先に古代社会成立について論じたときに指摘した、民族の土台となった「支族」はクリアまたはクリアーレスと呼ばれていたが、これが時代が変わってその内実が変化してはいても、それはたとえばアウグスティヌスの父パトリキウスが従事した市参事会員に付けられた名称でもあった。しかし、その内実は全く相違していた。アウグスティヌスの出身である都市参事会員（クリアーレス）は、四世紀では所属する都市とその領域の税の査定と収税の責任を負担し、帝国駅逓勤務、軍の必需品調達などの賦役を負わされた（内田芳明『アウグスティヌスと古代の終末』弘文堂、四六―五四頁による）。

ローマの行政長官を経てミラノの司教となったアンブロシウスが貴族という高い社会層の出身であったのに対して、アウグスティヌスは没落しつつあった中産社会層から出発した。彼の父は小土地所有者であったので収税請負人たる都市参事会員クリアーレス（市会議員）であった。経済的に疲弊した町の状態は惨憺たるものであったらしく、そこで徴税に携わることは耐えられないほどの苦しみを経験したに相違ない。また、彼の家族名アウレリウスはその祖先が二一二年の有名なカラカラの勅令によってローマ人に帰化したことを推定させる。この勅令のことは『神の国』で意義あるものと解釈されている。北アフリカのローマ化はその先祖の家名のラテン語への変更にも現れており、彼の出自がヌミディアのバーバリ族に属していたことを証明する。しかし、ローマへ帰化した人たちはやがてラテン語を母国語とするアフリカのローマ人として法律的にも文化的にも認められた（『神の国』V一七―二〇参照）。したがってこうした条件は当時の社会ではいくつかの出世の可能性を秘めていた。それゆえ異教徒であった彼の父はその息子を立身出世させるため多大の犠牲を払っても教育しようとした。それは同時にこの悲惨な階級から脱出させるためでもあった。というのはローマから租税や賦役の増加が通達されるとクリアーレスは農民にその負担を転嫁できない場合が起こってきて、それが耐え難い重圧となっていたからである。これが経済的な困窮を生み、アウグスティヌスの父は『告白録』に記されているように、その息子の教育費を調達できず、タガステの大土地所有者ロマニアヌスの経済的な援助に頼らざるをえなかった。このことはアフリカが富んでいたのは、その一部である富豪たちに過ぎなかったことを告げるだけでなく、次のように社会構造が大きく変化していくことをも示すものであった。

このクリアーレスは四世紀に入ると徴税の組織的効果を上げるために、官僚の統制下に置かれ、身分を世襲化する措置が執られ、任務を遂行するように監視された。こうして土地に縛られた状態から脱出することが困難となり、脱出には僅かに教師・医者・聖職の道だけが残された。さもなければ下層階級である小作人（coloni）へと転落せざるをえなかった。こうして小土地所有者であった都市のクリアーレスは没落していき、それに替わって私的大土地所有階級からなる社会へと移っていった。その結果、国家官僚からクリアーレスへ、さらにそこから小作人へと繋がる三重の社会構造から私的な大土地所有へ、さらには荘園制への移行がはじまる。これがクリアーレスの最終段階であった。

これに加えてもう一つ大きな変化を見逃すわけにはいかない。クリアーレスの身分から脱出し、高級官僚の道をめざしていたアウグスティヌスにはミラノ滞在の期間（三八四年秋―三八七年秋）に大いなる転換が待ち受けていた。それまで彼は異教徒であった父の願いによって古代文化の伝統に根を下ろした社会的栄達の道を歩んでおり、その実現も間近に迫っていると思われた。しかし、時代はすでに大きく変わりはじめており、キリスト教の勢力は新しい時代を創造しはじめていた。この変化はミラノではアンブロシウスの経歴によって象徴的に示された。彼はローマ帝国の地方長官から転じてミラノの司教となった。アウグスティヌスはこの人物と出会い、異教からキリスト教への一大転換を強いられた。彼は社会的栄達の道を放棄し、信仰の道を歩み始めた。

古代の末期にはキリスト教会も国家公認の宗教として社会的地盤を強固にしはじめており、新しい時代の趨勢に応じて、自己の発展の基礎をこの新しい社会構成との結合に置くようになった。アンブロシウスの例に示されているように、高級官僚から司教への転身が起こっただけではない。アウグスティヌスの友人のマルケリヌスのように高級官僚自身がキリスト教徒となって教会のために尽力しはじめていた。なお、官僚ばかりではなく、貴族や大土地所有者も教会に加わり、アウグスティヌスが司教となったとき尽力したように、教会はアフリカに移住してきた貴族たちを保護するように努めた。こうしてローマ帝国が衰退していく間に、貴族と教会は提携して互いに保全を図り、帝国の二つの相続者となった。彼らはゲルマン民族によって帝国が蹂躙されたとき、弱体化した国家権力に替わって住民を保護する役割をも果たした。農民は土地と地主に縛り付けられ、農奴化し、職人は世襲の絆に繋がれていた。これに対し彼ら小領主や土豪が地方の治安をはかり、国家に対する対抗力を強め、ついに国家が無数の封土にまで分解するようになった。このため人々の間には法も権利もなくなり、大衆は領主の意のままに支配された。そこには職業や住所を変える権利すらなかった（モンタネッリ『ローマの歴史』藤沢道郎訳、中公文庫、三八一―二頁参照）。このような帝政の終末期にアウグスティヌスは司教として活躍したのである。

Ⅱ　アウグスティヌスの自由意志論

アウグスティヌス自身により初めは十分に自覚されていなかったことであるが、意志が自由であることには哲学的意味と神学的意味との二重の意味がある。すなわち哲学は意志の本性について本質論的考察をなすのに対し、神学は神に対する意志のあり方の主体的考察をなすといえよう。だが彼には哲学と神学との厳密な区別は元来なく、キリスト教をも真の哲学として受容する基本姿勢のゆえに「自由意志」（liberum arbitrium）と「意志の自由」（libertas voluntatis）との概念上の区別がなされず、そのため多くの誤解を生むにいたった。前者は意志の選択的機能である「自由な決定」を表わし、後者は多様な意味を含み、前者と同義であることもできるし、同時に意志が罪の奴隷状態から宗教の力による「解放としての自由」、または「束縛からの自由」を表現することができる。ところがこの二つの意味を区別しないままにアウグスティヌスは初期の著作『自由意志論』以来この概念を用いていた。しかも彼はその第一巻ではストア哲学に依拠し、第二巻では新プラトン主義によって意志の哲学的考察を行ないながら、第三巻にいたると主として宗教的・主体的考察に移行した。

『自由意志論』の内容

確かに自由を罪の奴隷状態や「束縛からの解放」として考察することはアウグスティヌスのような深刻な罪責体験をもつ思想家にとっては最大の関心事であったにちがいない。しかし、この解放としての自由は、つまり宗教的意味での自由は、最初の人アダムにおける無垢の状態、堕罪以後の原罪が支配する状態、第二のアダムたるキリストによる罪からの解放、終末の完成をめざす堅忍というプロセスによってきわめて明快に説かれるようになった。それから後には強調点の相違はあったとしても基本的な変化はなかった。すなわち聖書と教父の伝統を受容してからは教義的には特別な変化はなかったといえよう。それに対し自由意志の哲学的考察の方はアウグスティヌス以後大きく変化したので、わたしたちはそこに学説史的な発展を明瞭に解明できる。そこでわたしたちは主として哲学的な自由意志の考察を中心にしてこれから論じてゆきたい。

『自由意志論』第一巻

この著作はマニ教の悪についての決定論的理解に対する批判を意図して書かれており（金子晴勇『アウグスティヌスの人間学』一七二頁以下参照）、その冒頭において「神が悪の創造者でないかどうか、どうぞわたしに話して下さい」（De libero arbitrio, I, 1, 1）との設問を行ない、神が造った魂に罪が由来するとしたら、罪の起源は神にまでいたるのかと質問された。これに対し罪の起源に先立って罪の本質を問題にすべきであるとの提案がなされ、悪行の根底にあるものは人間の内的な欲情や欲望であり、現世的事物から不滅なものに向かう真の愛と、その反対方向へ転落する欲情とが区別され、この愛を動かすものが意志と呼ばれる。また、この不滅なものは永遠の法であり、理性によってこの法をとらえ、意志によって欲情を抑える者が知者である。だから「自己の意志と自由決定のほか何ものも精神を欲情の共謀者たらしめるものはない」（op. cit. I, 11, 21）と結論が下される。この意志と自由決定が正しい場合、それは善い意志であって、絶対的に自足的な善を求める。さらに、このように善を求めることも意志に基づくため「意志自体に優って一体なにが自己の権能の下にあるであろうか」（op. cit. I, 12, 26）と語られる。この命題は後期スコラ神学で自らの行動の主人たらしめるものとして自由意志が主張されるときに常に引用された（詳しくは金子晴勇『近代自由思想の源流』七三頁また一〇八頁参照）。

『自由意志論』第一巻のこのような説はストア哲学に依っていることは明らかである。たとえばエピクテートスの『語録』第四巻の自由論を参照するならば、それは明らかになろう。エピクテートスによると「おのれの欲するがままに生きる人は自由であり」（『語録』斎藤忍随訳、第四巻第一章、「世界人生論全集三」四〇頁）、自らを主人たらしめる条件は理性的選択意志である。「なぜかといえば、理性的選択意志あるいは倫理的目的に関わる事柄は美しいし、手の届くところにあるので、それに対しては、あなたは均衡のとれた平静な欲求を覚えるのではないか。だが選択的意志に関わらぬ事柄に対しては、まさかあなたは欲求を覚えるようなことはあるまい」（前掲訳書、五四頁以下）。

合理的なストア哲学の自由意志についての考え方は同様の傾向に立つペラギウスが共鳴したものであって、その著作『自然について』には若き日に同じ傾向にあったアウグスティヌスのこの著作から引用したのも当然のことといえよう（De natura et gratia, 67, 80-81 参照）。

『自由意志論』第二巻

第二巻では自由意志がいかなる種類の善であるかを探求し、それが悪用できない「徳」と無用の「身体の優美な形姿」との間にある「中間的善」であって、恒常不変な善に寄りすがってはじめて人間は善を獲得する、と説かれる。こうして意志は不変的善と可変的善との中間に位置しており、自由決定によって普遍的で客体的な善を目ざすとき、意志には善の規定が与えられ、その反対の場合には悪の規定が与えられる。したがって恒常不変の善を分有することから意志の倫理的規定が与えられた。このような思想には新プラトン主義の存在論が大きく影響しているといえよう。たとえばプロティノスの「一なる者の自由と意志について」という論文には、知性による自発性と自己決定性が詳しく説かれており、自由意志と同じ働きがそこに認められる。また意志によって存在に達し得ることが力説され、「彼は〈有る〉をも自分次第のこととして所有しているのであるから、あらゆる点で自己自身の主人なのである」（『エネアデス』六、八「一なる者の自由と意志について」田之頭安彦訳、世界の名著、三八四頁）と言われる。しかし、ここでの存在は善の分有をいうのであって、それは客体的善によって規定される。それゆえ、プロティノスは次のように言う。

有るもののそれぞれは善なる者を希求していて、有るものであること以上に、かのものであることを欲する。そして、善なる者を分有したときにこそ、自分は本当に有るのだと信じるのである。そしてこのような事情においてそれぞれのものは、自己の「有ること」を、善なる者から得られるかぎりにおいて、選択する。それは彼らが、善は自分にとってははるかに選択に値すると考えるからである。というのは、善なる者以外のものが分与されている善のいくばくかが、そのものにとって最も選択に値するものであるからこそ、その有性も好ましいものとなり、意志のもとに生じ、意志と同一のものであり、意志によって存在しているのである（前掲訳書、三八七頁）。

意志はこのように客体的善の存在秩序に関与しており、自由な選択の働きをもっていても、その善性は客体の側から規定される。同じ分有関係に立つ意志の倫理的課題についてプロティノスの「悪の本性と起源について」という論文では次のように語られる。「ところでわれわれが〈徳は美自体でも善自体でもない〉と言ったのは、美自体つまり善自体は徳よりも先に、しかもそれを超えた彼方の世界にあるからであって、徳は何らかの仕方でそれに関与することによって、善きもの、美しきものとなるのである」（前掲訳書「悪の本性と起源について」二一四頁）。このように徳は善や美のイデアに関与することによって成立する。他方、悪徳の方は善とは全く相違する「不等性の支配する場所」に転落し、肉体の泥沼に沈んでいくことを意味する（前掲訳書、同頁。なおアウグスティヌス『告白録』第七巻一〇章一六節に同じ事態が示されている）。

アウグスティヌスが自由意志を存在論的に解明して行くときに使用したのは、このようなプロティノスの存在論であった。もちろん彼はキリスト教的創造論の立場から神が与えた秩序と人間の意志との関係としてこれを解釈した。しかし、創造の秩序とその壊敗の哲学的考察は新プラトン主義の存在論によって展開されているといえよう。

『自由意志論』第三巻

さらに『自由意志論』第三巻になるとアウグスティヌスの宗教的で主体的な解釈が自由意志に向けられ、原罪による罪の奴隷状態からの解放として自由が探求された。このように自由意志の状況に対する理解は、次第に深まって行き、原罪によって自由意志が罪の奴隷となり、その自由を全く喪失していることが力説されるようになった。そこから神の恩恵による救済が強調されるようになり、後に「恩恵の博士」(doctor gratiae) と彼は呼ばれるようになった。このような教義上の発展は最晩年の著作『聖徒の予定』で彼自身によって詳しく説明されている。確かにそれは長い期間を経てはじめて達せられたものであった (De Praedestionatione sanctorum, 4, 8)。ここでは第三巻の主要点を①神の予知、②罪の罰、③原罪、④原罪の超克に分けて要約してみよう。

(1) 神の予知

アウグスティヌスは神の予知と自由意志とを絶対に相容れない矛盾とは考えない。神が人間の罪を予知する事実は、神が罪の創始者であることを意味しない。なぜなら神は生じるいっさいのことを予知したもうことから、神が予知するいっさいを生じさせるということにはならないからである。もし自由意志を排除するような神の予知の必然性があるとすると、それは「不可避的で不動の必然性」しか残らないことになる(ibid., III, 3, 6)。このような強制的な必然性を神のうちに見るならば、神の行なうことも意志的でなく、必然的になる。神の予知には、人間がその意志によって生じさせることも、属していることを彼は強調する。「このようにわたしたちはすべて未来的なものに対する神の予知を否定しないままに、わたしたちが欲することを意志するようになる。なぜなら、神がわたしたちの意志を予知したもうならば、わたしたちの意志は、神が予知しながらも、そこに成り立つであろうから。したがって神が意志を予知したもうゆえに、意志が成り立つ」(ibid.,III, 3, 8)。神の予知がもつ必然性は絶対的必然性ではなく、人間の意志の自由を含むものとなる。対話者エヴォディウスはこの点を次のように語って承認している。「そうです、神が予知することはすべて必然的に生じ、神がわたしたちの罪を予知しても、それでもわたしたちのうちに自由意志が存続し、それがわたしたちの力のうちにあるようになっていることを、わたしはもはや否定しない」（ibid.）と。

（2）罪の罰　アウグスティヌスは第三巻で意志の現実に注目し、アダムの堕罪以後の人間は真に正しい生を選ぶ自由意志をもっていないという（ibid., III, 18, 51-52）。意志の現実の実存的状況は「悲惨」（miseria）として捉えられ、これは罪の結果たる罰である。罪は自由意志によって犯されたのであるから、罪の罰たる悲惨も自由意志から生じている。しかし、この罪の罰によって宇宙の秩序と美は保たれる（ibid., III, 9, 26）。罪に対する罰が罪を犯したと同時に間髪を入れず生じるので、宇宙の美は一瞬といえども汚されることはない（ibid., III, 15, 44）。したがって罪の罰は神の正義と秩序の反照作用であるといえよう。この罪の結果は自然本性が被る変容態である。罪によるこのような自然本性の変様、つまり損傷は嫌悪すべきであるが、これに対して下される罪の罰は嫌悪すべきものを除去し、美と調和とを世界にもたらし、罪の不名誉を矯正する（ibid., III, 9, 26）。

（3）原罪　罪の罰たる悲惨な状況は原罪の結果もたらされるものであって、彼はこれを「無知」（ignorantia）と「困難」（difficultas）として捉えた。無知とは当為に関する知の欠如を、困難は当為実現能力の脆弱なることをいう。この点に関して「彼はいかに有るべきかを知らないし、知ってはいても（彼が知っている）有るべきように有ることができないのであるから、これが罰であることをだれが疑うであろうか」（ibid., III, 18, 51）と説明された。人間の自然本性は罪と肉の習慣によって第二の本性をつくり、この本性の腐敗こそ悪であって、罪の結果たる原罪の状態である。

罪を犯すすべての魂には次の二つの致命的罰がある。すなわち無知と困難である。無知から誤謬が恥ずべき仕方で生じ、困難から苦悩が加えられる。しかし、誤謬を真なるものと是認し、したがって意に反して誤ったり、肉的束縛に反抗し、苦しめる痛みにより欲情の行為を抑え得ないのは、造られた人間の最初の自然本性に属するのではなく、有罪とされた人間の罰に属している。しかし、わたしたちが正しく行為する自由意志について語っているとき、わたしたちは確実に人間が創造されたときのかの自然本性について語っているのである（ibid., III, 18, 52）。

アウグスティヌスはマニ教のように二つの対立する本性を述べているのではなく、創造における自然本性と罪による本性の毀損について説いた。罪は自由意志によって本来的意味で犯されるが、この罪に対する罰としての無知や困難（無力）という原罪の影響によっても派生的意味で犯される。ここにアウグスティヌスの思想が原罪説を受け入れて展開していることが明らかである。マニ教の二元論的決定論に対し、自由意志による非決定論の立場を確立した彼の思想は、今や人間の現実への洞察のもとに宗教的に深められていった。はじめにマニ教の決定論を批判して彼は自由決定の能力を主張してきた立場も、現実の悪の勢力を無視してまで説かれるのではない。彼は自由意志によって生じる罪と原罪との対立を、意志によって犯される「罪」とその結果生じた「罪の罰」との区別によって回避しているが、これは意志的悪としての罪と自然的悪としての罰との区別および両者のあいだの作用関係の原因を原罪へと適用したことにほかならなかった。

（4）　原罪の超克

原罪のもたらした悲惨な現実はいかに克服してゆくべきか。ここにアウグスティヌスの『自由意志論』の最大の難点が示されたといえよう。彼は原罪の悲惨な状況は無知と困難にみられると指摘したが、これらを克服するためには、これらが生じてくる根源にまで遡って考察しなければならなかった。彼によると、困難なしにただ意志すれば可能であるとき、正しく使用しようと意志しなかった場合、人間はそれを喪失する。つまり当為についての知が正しくとも、行為が伴わないと、知を喪失し、当為が可能であるのに意志が伴わないと、意志するときに、能力を喪失する。これが罪に対する正しい罰である（ibid., III, 18, 52）。

それゆえ知識も意志も実践が伴って活動していないと、自己喪失に陥る。そこから「意志の怠慢」によって無知と困難を招来したことになり、「怠慢」こそ人間の固有の罪とみなされた。「あなたが不本意にも無知であることは、あなたの罪責として非難されないが、あなたが無知である当のものの探求を怠っている点が非難される。また、あなたの傷ついた身体を手当しないことは非難されないが、癒そうとされるお方を軽蔑することは非難される」（ibid., III, 19, 53）。このように原罪の悲惨のなかにあっても怠慢の責任は問われる。だから無知や困難もこれを謙虚に告白し、「前進の促し」と「完成への出発」となすべきである。魂は神の援けを得て、自らを開発しうる能力をもち、敬虔に満ちた努力によって、無知と困難から自己を解放する力を得ることができる。この前進を怠ることが罪である。すなわち「知ろうと努めなかったこと」および「善いわざのために備えられた能力を十分に働かさなかったこと」に罪がある（ibid., III, 22, 64）。

初期の著作『自由意志論』では原罪を克服する方法がこのような精進努力に求められた。たとえ無知や困難があるとしても、なお人間は善悪を識別できる、神の援けによって前進し、有徳になり得る。この無知や困難にとどまるよう強制されているわけではないから、これをも道徳的前進への刺激として用いることができる。人間の魂には怠慢で肉的な部分があっても、それよりも高貴な部分は残っており、完成と幸福に向かい得る「大いなる尊厳」をもっている。このような人間の尊厳を認める初期の理想主義的態度こそ、その後に彼の思想が大きく変化してゆく事態となる。

『自由意志論』の問題点

自由意志に関するアウグスティヌスの所論を要約して論じてきたが、彼の主張は最後にあげた点をのぞけば、後期のペラギウス論争にいたるまで一貫しているといえよう。そこで彼が後にその著作をみずから検討した『再考録』(Retractationes) を参照して彼の主張の問題点を検討してみよう。

彼はまず探求の方法について論じ、神の権威に属している事がらを信仰し、信仰したことを理解すべく理性的に探求する方法をとったと語る。その結果、神が賛美されねばならないことが信じられるのみならず、理性的にも解明され、悪は万物の創造者にではなく、意志の自由決定に帰せられるべきであり、マニ教徒のように悪を実体とみ、悪の本性を神と等しく恒常不変で永遠なものと考えるのは不敬虔な誤謬であると批判された（Retract., I, 9, 1-2）。次に彼の方法で問題となるのは、悪の根拠を問うことと、悪からの救済の手段を問うこととを区別し、『自由意志論』では前者を扱ったが、後者について論じなかった点である。

しかし、すでに自由意志をもっている者たちの意志をも、神自身が準備すべく選んだ者たちを予定する神の恩恵に関して、この書物ではこのように提起された〔他の〕問題のため、議論されなかった。このような恩恵に言及した場合には、ついでに述べたまでのことで、立ち入った議論ができなかったので、それについて真剣には論じることができなかった。というのは、悪の起源を探求することと、始原の状態に復帰する手段、あるいはいっそうよい善に到達する手段を探求することとは別問題であるから。わたしたちが正しく行為する自由な意志について語っているとき、それはわたしたち人間が創造されたときの本性について語っているのである。（Retract., I, 9, 5）

アウグスティヌスはここで自由意志についての哲学的考察と神学的考察とを分ける。この区分は創造における自然本性と堕罪による本性の毀損と回復との区別として考えられた。彼は確かに『自由意志論』では「創造された本性」と「人間が生まれつきもっている本性」とを区別した。しかし彼は第三巻になると原罪の悲惨な状態たる本性の毀損を回復する方法についても論じたので、このような主張は本論とかならずしも一致しない。

そこで真の問題点は『自由意志論』で彼が語った救済論にあることになる。ペラギウスは彼の自説がまさにアウグスティヌスの『自由意志論』によって支持されていると考える。それに対してアウグスティヌスは次のように反論している。

「この、またこの種のわたしの言葉においては当時何も討議されなかった神の恩恵について言及されていないが、ペラギウス派の人々は、わたしたちが彼らの見解を以前支持したと考えるか、また考えることができるとしている。だが、彼らの考えるところは無益である。この言葉でわたしたちが討議したように、実際、意志というものは、それによりわたしたちが罪を犯したり正しく生きたりするものである。したがって、意志自体が神の恩恵によって罪の奴隷とされた奴隷状態から自由にされ、悪徳を克服すべく援けられないならば、正しくかつ敬虔に生きることは可死的なもの〔人間〕にとって不可能である。また、この自由を与える神の慈しみが意志に先行していないなら、意志の功績のゆえに与えられることになり、恩恵ではなくなるであろう。恩恵はまさしく〈無償で〉（gratis）与えられるものである」（Retract., I, 9, 4）。

原罪を認めないペラギウスとアウグスティヌスとの相違はすでに初期の『自由意志論』でも明白である。またアウグスティヌスが意志決定の自由の存在を堕罪以後においても認めていることは後期の彼の恩恵論と対立しない。さらに一切の善と善い意志が神に由来すると主張する点でも彼はペラギウスと対立していない。『再考録』ではすべての善と同様「自由意志の善用」（bonus usus liberae voluntatis）が神に由来することは必然的帰結であるといわれる。ペラギウスはまさにこの点を拒否したのである。意志の正しい使用が神に由来するとすれば、彼にとって自由意志は存在しなくなるであろうから。

しかし、人間のうちに残存している善へ向かいうる魂の能力は人間の尊厳として『自由意志論』で明瞭に認められた。アウグスティヌスの精神的発展は信仰と救済への出発点をも神の恩恵に置く方向へと進んでゆく。したがって『自由意志論』はそこにいたる生成の途上にあるといえよう。

自由意志と恩恵——ペラギウス論争の意義

ところでペラギウス主義は、アウグスティヌスが強調したような深刻な罪責意識をもつことなく、古代のストア派の哲学と同じく自然主義に立ち、人間が意志を導く王者的な理性によって善への自然的素質をもち、自らの力によって道徳的目標を達成できると説いた。またそのような道徳的本性たる自由意志の賦与、モーセの律法による導き、キリストの模範と働きによる教育を「恩恵」（grattia）と呼んでいた。

彼らはストア主義者と同様、徳のためではなく、幸運のために神々に祈願したのであった。したがって彼らは意志の形而上学的規定やキリスト教の恩恵の中核である聖霊の注ぎについて全く知らないまま、原罪とキリストの贖罪を否定して、功績によって永遠の生命が報われると説いた。彼らが最も多く使った用語は、①自由と責任、②愛と徳の生活への命令、③信仰とわざの必要、④キリストの模範と完全の教え、⑤キリスト教的召命の困難と報いであった（G. Plinval. Peage, ses ecrits, sa vie et sa reforme, p. 94 ff. J. Ferguson, Pelagius. A Historical and Theological Study. p.120 からの引用）。その中でも特に問題となったのは、意志の自由を手放しに主張し、意志しても実現できない無力と罪の意識とが全く看過された点である。彼らによって無視されたこの事態こそアウグスティヌスが自己のうちに「奇怪なこと」(monstrum)として捉えたもので、一切の思想に先立っている基礎的経験として認められていた。この点について彼は『告白録』で次のように語る。

この奇怪なことは何によるのであろうか。また何のために起こるのか。魂がそれ自身に、あることを欲せよと命令する。魂がもしそれを欲しないなら、命令しないであろう。しかも魂は自分自身が命令することをなさない。(『告白録』VIII, 9, 21)

このような自由意志の無力と不可解さとは本来あるべき状態からの転落としてアウグスティヌスによって解釈された。この転落によって自然本性の完全性が毀損されているため、自由意志はその自由を失い、罪の奴隷状態に転落した。しかし、それでもなお本性的な選択機能が失われているわけではない。

ペラギウスは四世紀の中頃、ブリテン(イギリス)のキリスト教徒の家に生まれた。彼は生地で学校教育を受けてから、三八〇年頃ローマにきて法律学を学んだ。当時の慣習にしたがって彼は幼児洗礼は受けなかったので、ローマで洗礼を受け、キリスト教的な生活に相応しい義務を真面目に実行した。彼は道徳的にきわめて謹厳であったけれども、極端な禁欲主義者ではなかった。彼は当時の退廃的な風潮に対して批判的であった。一般的に言えば、ローマの信者たちにとって良心のすぐれた指導者であって、厳しいが立派な人物と評価されていた。

ペラギウスはローマに滞在している間に数冊の書物を書いた。『三位一体の信仰』全三巻、『聖書の選釈』全一巻、『聖パウロの手紙注解』がそれで、最後の著作だけがヒエロニュムスの著作に入れられながらも、残った。この著作は彼の最もすぐれた作品であり、信仰義認を説いたところから今日再評価された。この著作によって彼の名声はにわかに高まった。彼は著作と言論活動によって自己の思想を述べ伝え、当時の頽廃した道徳を批判し、キリスト教信徒の模範的生活を説き、自らそれを実践した。すなわち現世的栄達の道を捨て、禁欲と自己吟味の生活をおくり、教養ある異教徒に対してのみならず、教会にも多大の影響を与え、多くの信奉者と支持者とをもつようになった。

彼の信奉者のなかにローマで弁護士をしていたカエレスティウスがいた。この人はカムパニアの生まれで、イタリア貴族の出身であった。ペラギウスの影響によって彼は現世の栄達を捨て、修道の生活を求め、禁欲の生活を守り、ペラギウスの実践活動を鋭い理論をもって裏づけたため、ペラギウス主義の教説は二人の合作といわれる。

なお、この二人がカルタゴの教会会議で破門になった後、この判決に抗議して立ち上がった人々のなかに、エクラヌムの司教ユリアヌスがいた。この新たなペラギウス主義者とアウグスティヌスは死にいたるまで激しく対決するようになったが、このユリアヌスの死をもって論争は一応終決に達する。

セミ・ペラギウス論争

アウグスティヌスの思想に対してカトリック教会の内部からも反論が起こってきた。こうした批判者たちは原罪とキリストの恩恵による救済の教義を受け入れている。したがって異端ではないけれども、信仰の発端に自由意志の働きを認めるペラギウス説に近づいていった。彼らにはアウグスティヌスが恩恵を力説するあまり功績を排除しているように感じられ、人間の側の誠実な意欲や司牧の努力が無効となっていると思われた。こうした批判とともに生じる思想はペラギウス説に近づく傾向があるため、セミ（半）・ペラギウス主義と呼ばれた。

アウグスティヌスが出した手紙（書簡一九四）が、海浜の町ハドルメトゥムの修道院で大問題となり、何人かの者は、功績をまったく認めない恩恵の思想は、意志の自由を廃棄するだけでなく、審判の日に各人がそのわざによって報いられるという信仰箇条に違反する、と批判した。このような問いに答えて書かれたのが『恩恵と自由意志』（四二六―二七年）であり、この修道院の実情をさらに詳しく知った彼は『譴責と恩恵』を前著を補う形で書いた。ところがこの著作が南フランスのマルセイユの修道士や聖職者によって批判されたことを知るに及んで、アウグスティヌスは『聖徒の予定』と『堅忍の賜物』とを著した（四二八―二九年）。これらは彼の死の前年に書かれたもので、完成を見た最後の著作となった。

ペラギウス主義とアウグスティヌスとの思想上の対比

ペラギウスはカトリック教会の公会議によって決定された信条に全面的に従っており、自ら異端者であることは欲しなかった。彼は当時の社会の道徳的刷新を願い、人間の責任の意識を喚起するため自由意志を強調し、実践生活で禁欲の理想を次のように説いた。「道徳的完成は人間にとって可能である、ゆえにそれを義務とすべきである」と。このような道徳説と自由意志の主張は、当時では一般に受け入れられていたので異端視されなかった。

（1）自由意志の問題　しかし、ペラギウスの主張がキリスト教の教義の領域にまで広げられたため、問題を起こすことになった。神は正義の神であり、すべての人を正義によって裁くにしても、人間に不可能なことを求めているのではない。なぜなら神は人間に律法を授け、それを実行し得るように自由意志をも与えたから。ここからカエレスティウスは「もしそうあらねばならないなら、そうあり得る」(『人間の義の完成』3・5)と主張した。これは理想主義の哲学者カントの命題「あなたは為すべきである。それゆえに為すことができる」と同様な事態である。しかもペラギウスはこれを神学的に主張し、律法と自由意志の授与は神の恩恵であると説いた。

(2) 原罪の問題

この種の主張が最初に衝突するのは原罪の教説である。ペラギウスは人祖アダムの罪が遺伝によってすべての人に波及しているという思想を批判する。彼の教えを要約するとこうである。神が人間に他人の罪を帰したり、人が犯した罪を赦すべく備えているといったことは絶対に不可能である。アダムの影響は多くの人が倣った悪しき模範にすぎない。だからアダムの後の人にも罪のない生活の可能性、つまり「無罪性」は残されている。罪を避けるには何よりも神の律法を厳格に教える必要がある。実際アダムの罪によって失われたのは律法の知識である。イエス・キリストはモーセの律法も為しえなかったことを実現し、神の真の律法を教え、富を放棄し、純潔な生活を送るように山上の説教で説いた。

これに対しアウグスティヌスの思想的特質は深刻な罪悪観に求められる。彼は自己の内なる罪の量り知れない深淵に目を向け、人間の根源的な罪性を追求する。罪とは道徳的頽廃や律法違反に先立って神に反逆して自己のみに立とうとする「高ぶり」である。人間は神から自由意志を授けられ、恩恵によって「罪を犯さないことができる」状態にあったのに、神の恩恵を退ける「高ぶり」のゆえに神から離れ、生活の正しい秩序を失い、邪欲のむさぼりに陥り、律法に違反するようになった。こうして「罪を犯さざるをえない」状態に追い込まれた。これこそアダムの罪によって生じた結果である。それは人間の自然本性の破壊となって、知性を暗くする「無知」と意志を脆弱にする「無力」に見られる致命的欠陥である。これらは「罪の罰」にほかならない。とくに神への愛から転落した人間的な愛は邪欲として性的領域で猛威をふるい、人はその奴隷となっている。

（3）二つの恩恵論

こうして両者の罪の理解は神の恩恵について異なる解釈となった。ペラギウスが神の恩恵の下で、律法と自由意志を授与した創造者の恩恵を考えていたのに対し、アウグスティヌスは罪から救う救済者なるキリストの恩恵を理解したのであった。したがって前者の理解は自然主義的であり、後者のそれは救済論的である。また前者では恩恵と自由意志とが同一視されているのに対し、後者では罪の支配下にある状態から恩恵によって「自由にされた自由意志」が説かれた。それゆえ前者は自由意志の功績から永遠の生命の報酬へと「連続的」に考えていたのに対し、後者はこの連続性を否定したのであった。だが自由意志が恩恵によって罪の奴隷状態から解放されると、義への愛が生まれ、愛が律法を実現するがゆえに、自由意志の働きは回復された。

彼は言う「罪の奴隷は〈義から自由〉となっており、その場合、わたしは言う、意志は自由だが、自由とされていない、義から自由だが罪の奴隷である」（De correptione et gratia, 13, 42）と。ここに自然本性的選択の自由と主体的な神学的自由がはっきり区別され、「自由とされた自由意志」が同語反復ではなく、また「拘束された自由意志」が形容矛盾でないことが明らかになった。むしろそこには自由が単なる自由意志の選択的な行為を超えて、質的に高まったことが判明する。しかし、このアウグスティヌスの主張に対する反論はやまず、教会内部からの批判という形で起こり、信仰と功績となる善いわざとを奨励するためには、自由意志が認められねばならない、と批判された。これに対しアウグスティヌスは次のように説いた。すなわち聖書にしたがって自由意志が認められても、必ずしもそれは現実の働きでは実質的に善ではなく、義から自由となって罪の奴隷となっている。あるいは意志は罪から解放されて善となっている。自由意志はこのいずれかであるが、神はその恩恵によって罪から自由意志を解放するために働き（活動的恩恵）、こうして生じた善い意志に協働して善い行為を完成に導く（協働的恩恵）を説いた。前者では「神はわたしたちなしに働きたもう」とあるようにわたしたちの業に先行的に働き、後者では「わたしたちと協働したもう」とあるように協力する（De gratia et libero arbitrio, 17, 33）。このように恩恵の働きが区別される。これによって教会の内部からの批判に対し彼は答えたが、中世ではこれを支持する人たちが依然として多く輩出するようになった。したがってアウグスティヌスが説いた恩恵論をどのように哲学的に基礎づけるべきかが後代に課題として残された。

Ⅲ　中世における自由意志と恩恵

概　観

中世とは古代と近代との中間の時代をいう。したがって中世哲学は九世紀から一五世紀の前半にわたる、ヨーロッパ哲学の総称であり、大部分はキリスト教会の聖堂や修道院の付属の学院また学僧たち（Scholastici）によって説かれた哲学である。この学僧たちに与えられた名称からスコラ哲学またはスコラ学とも言われる。古代末期のアウグスティヌスはこの時期の思想家に決定的な影響を与えたので、広い意味では時折中世哲学に入れられた。この哲学には公会議によって決定された教会の正統的な教義に忠実な思想家と異端的な思想家とが分けられる。またユダヤ哲学やアヴィケンナやアヴェロエスに代表されるアラビア哲学も含まれる。

この時代は一般的には三つの時代に区分される。

（1）　初期の九―一二世紀の成立期には、エリウゲナ、アンセルムス、クレルヴォーのベルナール、アベラールなどが輩出した。

（2）　一三世紀の全盛期にはボナヴェントゥラ、トマス・アクィナス、ロジャー・ベーコンなどが活躍した。

（3）　後期の一四―一五世紀前半にはドゥンス・スコトゥスやオッカムさらにエックハルトやタウラーのような神秘主義者たちが活躍した。

中世哲学の基本的特質は聖書によって啓示された信仰内容を理性的に解明していくところに求められる。アンセルムスによって説かれた「理解するために、わたしは信じる」はこの基本姿勢を示す。信仰内容の合理的な説明を試みるために最初はプラトンと新プラトン主義の哲学が、後にはアラビアを経由して移入されたアリストテレスの哲学が積極的に受容された。このことは、同時に信仰と理性、神学と哲学、教会と国家との対立をどのように和解させ、調停して、秩序づけるかという問題を生み出し、相互に対立しているものを上下の階層秩序によって総合する中世統一文化を構築することになった。その思想体系の壮大にして深遠なのは他に類例がなく、一二世紀に始まるゴシック式大聖堂の壮麗な建築に比較される。

ボエティウス、アンセルムス、クレルヴォーのベルナール

(1) ボエティウス

古代ローマ時代の末期に哲学者ボエティウス(Boethius, ca, 480-525)が頭角を現し、その主著『哲学の慰め』には自由と必然性についての学説が展開しており、自由意志の主張に変化の兆しが現れた。彼の説は後にイタリア・ルネサンスの思想家ヴァッラによって批判の対象となったように、自由意志の選択機能が失われるようになった。この点で後述するように奴隷的な意志を説いたルターの先駆をなし、必然性を二つに分ける点でスコラ神学に先鞭をつけた(金子晴勇『近代自由思想の源流』二五二―五五頁参照)。

彼は緊密な因果の系列の支配する世界の中に意志の自由(arbitrii libertas)が存在するかどうかと問い、理性の判断力をもつ者は望ましいものを求め、避けるべきものを斥ける自由をもっている。つまり「理性を内に宿しているものは、欲することと欲しないことの自由を具えている」と説いた。しかし、この自由は神と人間とでは相違し、神の不滅の意志は望むところを実現する力をもっているのに対し人間の場合はそうではない。この点について彼は次のように言う。

人間の魂は神の精神を観照し続けている時には、いっそう自由であるが、物体へくずれ落ちると、それだけ自由を減少させ、地上の肉体に引き止められると、さらに自由を失わなければならない。しかし最悪の奴隷状態は、悪徳にふけって自分の理性を伐り倒してしまった時である。それというのも、人間の魂は目を最高の真理の光から卑しいものや暗いものに向けると、すぐに無知の闇におおわれ、有害な情念に悩まされ、このような情念に接近し共鳴することによって、奴隷状態を自分に引き起こし、かつそれを助長し、いわば、自分の自由によって囚われ人となるからである（Boethius, Philosophiae consolationis libri quinque, übertragen von E. Gothein, S.272）

彼は新プラトン主義の影響を強く受けており、自由は神に向かう時により大きくなり、物体や肉体に向かうとき、それに束縛されて失われる、と考える。それも自らの自由によって起こった「自己疎外」にほかならないと説いた。ボエティウスのこの発言は哲学的考察によって自由の本質を述べたものか、神学的考察によって罪の状態を語ったのか不明であるが、「意志の自由」の「意志」（arbitrium）が選択的機能を一般には指しているので、自由な意志の状態が喪失したと考えられていると言えよう。

さらにボエティウスは神の予知と自由意志との関係を詳しく論じてゆき、次の二つの必然性を区別した。神の予知は決して自由意志と対立しない仕方で必然性を形成しているから、同じ将来の出来事も神との関係では必然的でも、そのものの本性にしたがって考察すれば自由と考えられた。ここから「単純な必然性」と「条件付きの必然性」との二つを区別した（Boethius, op. cit., S.306）。確かに人間は時間のなかにあるのに神は全時間を超越し、万物を一瞬にして直観し、無限の時間を永遠の現在としてとらえる。だから神の予知したものは必然的に生起するが、この必然性は生起するものの本性に属さず、時間のなかに生きる人間の自由意志とも矛盾しない。この二つの必然性の区別は「自由を排除した強制」と「自由を含む必然性」の区別として後代に受け継がれていった。

(2) アンセルムス

一一世紀の後半から一二世紀にかけて活躍したアンセルムス（Anselmum 1033-1109）は、初期の『自由意志論』（De libertate arbitrii）と晩年の『自由意志と予知、予定、神の恩恵との調和について』（De concordia praescientiae et praedestinationis et gratiae dei cum libero arbitrio）の二つの著作で自由意志と恩恵の関係を論じた。それだけではなく主著『クール・デウス・ホモ』（Cur deus homo）のなかでも恩恵と意志の関連が中心的主題となっている。彼が対決したのはペラギウス主義ではなく、信仰を求めた人たちであった。彼らは彼が「徳のすべての効力を自由にのみ置いた高慢な人たちがかつてはいたのに、現在では自由の存在に全く絶望する多くの人たちがいる」（De concordia …, III, 1）と述べた悲観主義的な人々であった。

彼は人々に真の自由がいかに神の恩恵と調和しているかを解明した。その探求の方法は、「理解を求める信仰」に端的に示されているように、信仰を前提とし、信仰内容を理性的にその根拠にまで追求することであった（Cur deus homo, I, 22）。このような理性的な探究のゆえにラテン的な贖罪論という特質をもち、二世紀後半の神学者エイレナイオスに発する古典的な類型と区別される（Aulen, Christus victor. An Historical Study of the Three main Types of the Idea of the Atonement, 1953 を参照）。

アンセルムスはこの神人関係の基本から自由意志を把握しようとする。まず自由意志は罪を犯したり犯さなかったりする力ではない。もしそうだとすると、神も天使も罪を犯すことができないので、自由意志をもっていないことになる。神や天使がもっている罪を犯すことができない意志、つまり正しさから逸脱できない意志の方が逸脱できるものよりいっそう自由である。そこで自由意志について次のような定義がなされる。「自由意志とは意志の正しさを正しさ自身のために保持することの可能な決定にほかならない」(De libertate arbitrii, 3)。この自由意志の定義は神人関係から規定されているため神学的であるが、自由意志は罪によって弱められているにもかかわらず本性的に存在しているため、哲学的であるといえよう。ここに「より高い自由」という観念が登場する。したがって罪を犯すことは自由意志によるのではなく、単なる意志決定によるのであって、罪のため正しさを保持する自由意志の力は弱められていてもなお残っている。それは、ちょうど視覚が対象や光をもたない場合でも、また障害物によって遮蔽されているときでも、見る力を可能性としてもっているのに比せられる。ここから自由な意志の力と人間の無力と調和が探求された。

そもそも正しさをもっていない時には、正しさを獲る力は彼にはない。しかし、正しさをもっているなら、それを常に保持する力は常に彼にある。ところで、罪からは逃れることができない点で〔人は〕奴隷だが、正しさから引き離されることは不可能な点で自由である。一方、意志が罪とそれへの隷属から立ち戻ることは、他者を通してのみできることで、正しさから離反するのは自分を通してのみできる。だが、その自由が奪われることは、自分を通してても他者を通しても不可能である。なぜなら、正しさをもっている時も、また保持すべき正しさをもっていない時でさえも、人は正しさを保持することに関しては生来的に自由だからである（op. cit., 11.）。

こうして自由には三つの種類が認められた。①意志の正しさがあって自由意志によってこれが保たれている場合、これは自由な義なる状態と呼ばれる。②正しさから離反し罪の奴隷となっている場合、自分で正しさを回復できないが、それでも理性と意志の潜在的能力によって正しさを保持する可能性、つまり生来的自由はある。③ところでこのような潜在的能力だけでは行為を生みだすには十分ではなく、正しさを意志に与えて自由にする恩恵が必要である（De concordia, III, 5)。「人間の救いに役立つのは恩恵だけでも、自由意志だけでもなく」、両者が共に働かなければならない。

アンセルムスは神と意志との根源的関係という神学的前提から出発し、自由意志の存在を哲学的に解明する。こうしてまず自由意志は存在論的に正しさへ方向づけられる。だが意志のもつ選択し、決定する能力は、同時に自由から転落して罪を犯す力でもある。その際、自由から罪の奴隷となっても意志は、正しさを保持する力を潜在的、生来的に所有する。それゆえ自己が選択し、決定する力であるがゆえに、罪を犯しても、意志は究極目的に関して存在論的に方向づけられている。ここから意志自体と個別的な決定能力としての選択意志とが区別されるようになる。このような意志と自由意志の区別は後述するようにトマスに継承された。

（3）ベルナール

クレルボーのベルナール（Bernardus,1090-1153）はシトー会を代表する神学者であり、後代にアウグスティヌスとともに影響力をもったばかりか、人々に慕われた神学者でもある。彼の恩恵論は神と人との協働説の立場を明らかにとった。アウグスティヌスの著作と同名の書『恩恵と自由意志』のなかで彼はアウグスティヌスに全く一致した議論を展開するが、そこには彼自身の哲学的考察も示される。なかでも意志が神の創造のわざから一般的善性をもち、創造者へと回心することによって善は完成されると説かれた。彼も意志と自由意志との関係を一般と特殊とに分けて考察する。このことはアンセルムスから発し彼を経てトマスで完成された、両者の関係に関する学説を準備した。次に注目すべきことは、自由意志をその働きによって選択（arbitrium）・思量（concilium）・満足（complacitum）に分けて論じ、罪となったのは、後の二つであって、自由選択の機能は残存すると説いている点である。

それゆえ自由意志は罪に堕ちた後にも、悲惨な状態ではあっても、損なわれることなく残った。また人間が自分の力で罪や悲惨から脱却することができないということは、自由選択の破壊ではなく、他の〔次に述べる行為する力と知恵という〕二つの自由の欠如を意味する。というのは自由意志そのものに属しているのは、あるいはかつて属していたのは、行為する力や知恵ではなくて単に意志することだけであるから。それは被造物を力あるものとも知恵あるものともなすのではなく、単に意欲するものとなすだけである。だから力あるものや知恵あるものではなくて、意欲するものをやめたなら、自由意志を喪失したと考えるべきであろう（Liber de gratia et libero arbitrio, 8, 24: Sancti Bernardi opera III, 183-84）。

ベルナールは自由意志の働きを選択に限定し、そこに含まれていた能力や知恵から切り離して、独立させせた。しかし、このことは自由意志の相対化を一面において引き起こした。とはいえ、この選択の機能が自由意志に残っているところに「永遠にして恒常不変な神性の実体的像」がそこに刻印されている、と語った（op. cit.,9, 28（III, 185)）。ここに高次の自由が説かれたと言えよう。

恩恵と自由意志との協働説ではアウグスティヌスにしたがってセミ・ペラギウス主義の誤謬をしりぞけ、開始・進展・完成から成る三段階的な構成の中間にあって恩恵と自由意志は協働するが、その仕方は部分的に役割を分担するのではなく、「各々が独自の働きによって全体のわざを遂行する」（op. cit., 14, 47（III, 200））と説かれた。この協働説こそ真の相互的な協力の仕方として確立されたものである。なお、彼はこの著作の初めで自由を三種類に分け、「自然本性的な自由」・「宗教的救済の自由」・「栄光の〔姿としての〕自由」とし、それぞれが強制的必然性・罪過・悲惨からの解放によって成立すると説いた。この自由の三区分は以後永きにわたり伝統的な学説となった。ここにいっそう高貴な自由が説かれたことを銘記すべきである。

トマス・アクィナス

一三世紀スコラ学の代表者トマス・アクィナス（Thomas Aquinas, 1225-74）は一般的にはキリスト教的アリストテレス主義者とみなされてきた。だが、彼のアウグスティヌス主義やパウロ主義も評価されなければならない。彼はアウグスティヌスによって大きな影響を受け、その言説を基本的に守りながらも、同時にアリストテレスの哲学を常に用いて論証した。また、神秘主義者ディオニシオス・アレオパギテースの注解書を書いた。彼は人間が全く腐敗していると信じることができなかった。彼は堕落以前と以後とに分けることによってこの問題を解決しようとした。

それゆえ自由意志に関して彼自身の思想は変化し発展するようになった（Thomas Aquinas, II, Sent. dis. 28, q. 1, art. 4 はセミ・ペラギウス的見解に立ち、『真理論』q. 24, art.1et art. 15 は移行過程を示し、『神学大全』で完成した形になっている。この点に関して優れた研究 B. Lonergan, Grace and Freedom. Operative grace in the Thought of St. Thomas Aquinas が発表されている）。ここでは完成した思想体系『神学大全』のなかで組織的に叙述された自由意志と恩恵の関係だけを考察する。

自由意志の哲学的考察

まず初めに、自由意志の哲学的な考察を採り上げる。『神学大全』第一巻八三問「自由意志について」で、彼は自由意志がもつ存在の特質を五つあげる。それは、①自らの欲するところを行なう、②欲するも欲しないも自由である、③自らの原因である、④自己の活動の主である、⑤自己の形成者である（Summa Theologiae, I, q. 83, art. 1）。これらの自由の規定は選択する機能である自由意志によるもので、主体的な作用を述べている。これとならんで選択する客体的側面が考察され、意志は知性が説き勧める最善のものを受け入れ幸福を求める。それは自然本性的に神を求め、それによって善とみなされる。しかし悪しき行為が生じるのは、この善という目的にいたるための手段の選択に際して、つまり何を選択するかによって起こる誤りから生じる。

この選択意志が「自由意志」なのであって、それは自己運動の原因ではあっても、第一原因ではなく、神こそ第一原因として自然的原因と意志的原因のすべてに対し各自の固有性に応じて働く。それゆえ最高善たる神は、意志を外的に動かすのみならず、意志の力の根源として内的にも動かし、意志の自由を貫いて、意志の固有性を生かしながら活動する。この思想はトマスにとっては必然性や予定の問題を解く基本姿勢となった（op. cit., I, q. 105, art. 4, ad 2 et 3; II-I, q. 9, art. 6）。その際、トマスは意志と自由意志とが一つの能力でありながら活動を異にする点を知性（intellectus）と思量（collectio 比量知）との区別によって明らかにする。知性が真理の「端的な受容」を意味するのに対し、比量知の方は一から他を推理して帰結をうるにすぎない。同じことは欲求の面でも「意志する」は「端的な欲求」を意味するのに対し、自由意志は意志から次のように区別される。

意志は目的——すなわちそれ自身のゆえに欲求されるところのもの——に関わるといわれる所以である。「選択する」（eligere）とは、これに対して、何ものかを、それ以外のものを得んがために欲求することなのであり、だからそれは、厳密には目的へのてだてたるところのものにかかわる（op. cit., I, q. 83, art. 4『神学大全』高田・大鹿訳、二四三頁）。

この区別の仕方は「選択とは目的へのもろもろの手だてに関わる」というアリストテレスの『ニコマコス倫理学』第三巻に由来する（Ethica Nicomachae, III, 3. = 1113 a 10）。つまり人間に本性的に具わる選択意志は、目的としての善を実現するために何を選んだらよいかという思量なのであって、理性の命令にしたがって選択がなされる。ここに選択の自由の知性的根源が説かれた。こうして一方、意志のほうは知性の判断に依存し、目的としての善が無制約的に示され、これとの一致を目ざす受容性をもつかぎり本性上誤ることはない。だが他方では選択的活動は目的にいたる手段に限定され、選択するとき誤って罪を犯すことがありうる。したがって道徳的悪とは本性上あり得ないものであって、罪とは本来のあり方からの逸脱にすぎない。それゆえ悪は「当然あるべき善の欠如」である。これはアリストテレスが説いた「的はずれ」（ハマルティア）としての罪の理解に等しい。

トマスは意志論を開始するに当たって意志主体の能動的自己規定からはじめて、知性の善に対する関係と同様に意志の受動性を導入した。つまり人間の精神は初めから存在と善に対して開かれており、それを分有することによって存在する。このように客体としての善とその秩序への適合が倫理的善を内容的に規定する。この結果として自由の主体的意味が消える傾向を示すようになり、この点がドゥンス・スコトゥスに批判された（リーゼンフーバー「トマス・アクィナスから近世初期にかけての自由観の変遷」松本編『トマス・アクィナス研究』創文社、二五〇頁)。

恩恵と自由意志の神学的考察

次に恩恵と自由意志との関係について考察する。『神学大全』第二巻一部一〇六―一一四問でトマスは恩恵論を展開した。それによると人間は恩恵を受ける以前と以後とに分けられ、さらに恩恵以前がアダムの堕罪以前と以後とに分けられる。

この分類の第一段階では自然本性は毀損されることなく、原義が保たれ、神・理性・魂の下位の能力が正しい秩序のなかにあって「人間は自然本性上善にも悪にも向かいうる自由意志をもっていた」(op. cit., II-I, q. 114, art. 9)。だが「超自然的賜物が上から与えられないとしたら、いかなる被造的本性も永遠の生命に値する行為への十分な源泉ではない」(op. cit., II-I, q. 114, art. 2)と判断される。

第二段階は自然本性が壊敗した段階で、先の「原義の欠如が原罪である」(op. cit., II-I, q. 81, art. 5)と規定される。この罪の奴隷状態から自由への移行は恩恵によって生じる。それは「不義の状態から義の状態への改造」であって、「全く相矛盾する一方から他方への運動」であるから、この改造は罪の赦しにはじまり「不義なるものの義化」と呼ばれる(op. cit., II-I, q.113, art.

し)。しかも、この義化の改造は人間の本性的特性である自由意志に向けられる。これこそ自由意志が恩恵を受けるように働きかける恩恵である。

それゆえ、義に向かう神からの運動は、自由意志を使用しているものには、自由意志の運動なしに生じることはない。しかし神は、義となす恩恵の賜物を注ぐにあたって、同時に自由意志が、この運動を受容しうる人たちのもとで恩恵の賜物を受け入れるように、恩恵をもってそれを動かしたもう（op. cit., II-I, q. 113, art. 3）。

ここに「恩恵は自然を破壊しないで完成する」というトマスの根本思想が見られる。彼は恩恵の絶対性を自由意志に対して説いただけでなく、さらに具体的に義化のプロセスを習性の改造に求めた。恩恵が人間の心のなかに注がれるとき、本性に反した罪の習性のため壊敗していた自然本性が改造され、いまや恩恵による新しい内的な習性が形成される。こうして初めて「自己原因である人が自由である」という状態に達する。「そういうわけで聖霊の恩恵は内的な習性としてわたしたちに注がれ、わたしたちが正しく行動するように心を変えるがゆえに、わたしたちは恩恵と一致することを自由に行なうようになり、また恩恵に反するものを避けるようになる」（op.

cit., II-I, q. 108, art. 1 et 2)。これが恩恵によって与えられる超自然的習性であって、アリストテレスの倫理学による理論的反省である。これが聖化の恩恵である。

もちろん『神学大全』に述べられた現実の人間に関する理解は、アウグスティヌスのペラギウス駁論の著作から影響を受けていっそう深刻なものとなり、罪の奴隷となったという人間観を示した（op. cit., II-I, q. 109, art. 8 トマスとアウグスティヌスの恩恵論に関してはJ. Duffy, The Dynamics of Grace. Perspectives in Theological Anthropology, 1993, p.133-43 参照）。

ところで、この習性が新しい性質として造られることから、それは偶有的（accidentialis）であるが、それでも形相（forma）として造られることによって功績となる行為が生じる、と説かれた。つまり恩恵は魂のなかでこの偶有的形相を造り出すと、それは人間と同じ本性の実在となる。人間の実体的形相はその理性であるのに対し、偶有的形相は個々人の特性に属してはいても、人間の定義にとって非本質的なものである。

それはたとえばキタラ奏者のようである。わたしがキタラを演奏できようとできまいと、わたしは人間であり続ける。というのはキタラを演奏する能力はキタラ奏者となるためにのみ本質的なものであって、人間であるためには必ずしも必要ではない。わたしは反復した教育と実践によってこの能力を開発することができる。これと同じく超自然的恩恵の注ぎによって各人には最初の出発点が与えられ、反復した実践によって習性を形成することによって神の愛を実践する達人となりうる。この恩恵の習性はひとたび獲得されると完全に失われることはあり得ない。

このようなトマスの超自然的習性の理論はこの習性によって実現される愛のわざが功績となり永遠の生命が報われるという功績思想の基礎となった。これに対する批判が次に考察するスコトゥスとオッカムによってなされた。

ドゥンス・スコトゥス

ドゥンス・スコトゥス（Duns Scotus, 1266-1308）はフランシスコ会を代表する神学者であり、一一―一二世紀のスコラ神学とくにアンセルムスの伝統的意志優位説および道徳的責任性と罪責感情に基づいて、とりわけ当時明確になってきた個我の意識と直接的な自由体験とに基づいて独自な思想を形成した。

自由意志学説

彼もトマスと共に意志が知性と相補的な関係に立っており、人間の本質的機能であることを認める。だが、人間の自由や責任および倫理に関してはトマスと相違する見解をもつにいたった。彼によると知性と意志との根本的相違は、知性が絶対的に普遍な真理を単に受容するだけで、自明な真理に同意するよう強いられ、客体によって決定されているのに対し、意志は自由であって自発的であり、何ものによっても強制されない。ここまではトマスと一致する。既述のようにトマスは目的としての善が知性によって意志に無制約的に示されると、意志はこれを受容するが、自由に選択できるのは、目的に対する手段に制限した。こうして自由の本性は知性的に解明されたのに対し、スコトゥスは知性の意志に対する影響力を否定しないが、いかなるものも意志に対し同意を強いることはできない、と説いた。

アウグスティヌスは「意志の歪曲は目的を手段とし、手段を目的として愛することにある」と言う。その意味は、意志が手段として用いられるべき対象を目的として享受することができるということにある。他方、知性はこういう仕方では行動できない。知性は真理を単に名辞から自明な結論、原理、命題としてしか知ることができない。このように相違する根拠は知性がその対象によって自然本性的に動かされるのに対し、意志はみずから自由に運動するからである（Quodlibetales, q. 16, n.16）。

ここに両者の相違は歴然としてくる。トマスの『神学大全』第一巻問八二（art. 2）の意志論とスコトゥスを比較してみると、トマスは意志の運動を終極目的とみなして「意志は必然性に基づいて至福という終極の目的に密着している」と言う（op. cit. I, q. 82）。また「意志は善という特質によるのでないかぎり、何ものにも向かいえない」と言う。こうして彼の目的論的思考は選択意志の否定にまでなった。つまり「終極目的というものは決して選択に服したりしない」（op. cit., ibid）。

そこでスコトゥスはトマスの目的論的意志学説を否定し、意志は知性の命令にしたがって選ぶ必然性はなく、意志は非理性的にも行動できると説いた。なぜなら意志は知性が観照している対象から知性を引き離すことができるからである。彼は言う「だが意志は普遍的に理解された目的に向かう必然性をもっていない。したがって意志は目的に向かって必然的に行為しているのではない。……むしろ意志は知性を何か他の対象を考察するように向け変える」（op. cit., q. 16, n. 4）と。

次にスコトゥスは意志を二つに分け、自然的意志つまり欲求と、行動を自由に引き起こす能動的意志とに分けた。両者とも同じ意志に属しているが、両者の相違は「石」（lapis）と「意志」（voluntas）ほどの差がある。「重さによる原因は自然的であるが、意志の原因は自由であり、その理由は意志がまさしく意志なのであって、重さは重さにすぎないからである」(Duns Scotus, op. cit.,q.16, n.16)。ここに意志が自由な原因性であること、意志にとって自由は本質に属していること、トマスが目的にいたる手段の選択に限定して認めた自由、つまり選択の自由は自由の本質ではなく、かえって不完全性のしるしであって偶有的な自由にすぎないと説かれた(op. cit.,q.16, n.15 参照)。

さらに意志が本質的に自由であり、行動を起こす原因であることが強調されていても、意志は決して恣意的でなく、「正しい理性」つまり実践理性と一致することによって善い行為がなされる。だから「行為が自由意志から生じたのでないかぎり、その行為は称賛にも非難にも値しない」(op. ox. II, 40, q. unica, no. 2-3)といわれながらも、「道徳的に善だと考えることは正しい理性と一致すると考えることである」(op. cit., I, 17, q. 3, no. 14)と付加される。このように意志の自由は知性を排除していないで、かえってそれを含意することになる。

こうして意志には自由な原因性として行為や意欲を引き起こす力、自己決定力をもつ自律性が求められる。それゆえ意志は自発的に自由に行為する原因、カントのいう「自由な原因性」であるから、客体的善が意志の目的として意志を引き寄せても、同時に善が意志によって自律的に立てられるものとして相対化される。トマスにおいて意志は人格的自由をもつものとされ、目的論的に位置づけられていたが、スコトゥスでは意志が「自己自身を実現する本質形相になるという目立たないが重大な転回」が起こった（リーゼンフーバー前掲論文、二〇一頁）。

ここに近代的自由の淵源が認められる。それは後にオッカムによって強調される、「無記的な未決定の自由意志」（liberum arbitrium indifferentiae）の立場である。トマスでは善や目的の絶対的価値の下で手段の選択によって無記的に作用すると説かれた自由意志は、スコトゥスによって善と悪のような相い対立するものに対して決定を下す能力としてそれ自身無記性をもつと説かれた（Quodlibetales,q. 18, n. 9）。それは偶然であって、偶然の事実が生じるのは自己決定の力としての意志に帰せられ、そこに「相い対立するもののいずれに向かっても決定されていない原因としての自由」が前提された。こうして意志の自己決定から、自然必然性とは異質の「自由意志にのみ由来する不変の必然性」も説かれ、強制を排除し、自由意志を含んだ必然性の立場が確立される。こうして客体的価値から離れて自律する意志が、それ自身の無色中立的な働きのなかに内在的動力因をもって登場してくる。このようにして近代的自由の萌しは彼の学説の中に芽生えてきた。

恩恵と意志についての学説

スコトゥスは神学上の救済の問題でも意志の優位、とりわけ神の意志の絶対的自由と愛とを力説し、独自な恩恵論を樹立した。彼によると愛の力は意志の中にあり、神の意志は何ものによっても決定されない自由をもつと同時に、理性に反する矛盾を決して含まない。彼は「神は矛盾を含まないすべてのことをなすことができる」という「絶対的権能」からトマスの超自然的習性の学説に疑問をいだき、魂のうちなる偶有的形相に神が拘束され、習性に基づいて神を愛する人を救わねばならないだろうかと問い、神はその絶対的権能のゆえにそのような習性（超自然的備え）をもっていない人をも救いうると説いた。神はまず人を天上界に入る人たちの数に応じて、神の愛を与える。この愛が善いわざを創りだし、神はそれを受納して功績とみなしたもう。だから救いにとって魂の性質よりも神の意志の方がはるかに重要となる。人々は内的に救いに値するから救われるのではなく、神がはじめにそのように意志したから救われる。ここから彼の神学的公理「被造物はだれも内在的理由によって神から受納されるべきではない」が立てられ、被造物は永遠者を決して動かすことができず、神は絶対的自由であると説いた（W. Dettloff, Die Entwicklung der Akzeptations-und Verdienstlehre von Duns Skotus bis Luther, S. 39）。スコトゥスから見るとトマスは神を教会の恩恵の制度に結びつけており、神の永遠の意志と被造世界に秩序を付与する神のわざとの間にある大きな距離を見失っていると思われた。

他方、スコトゥスは「神の秩序的権能」に基づいて、教会の制度にしたがい恩恵による超自然的習性に基づく善いわざが功績となることをも認める。こうして一方では神の意志による罪人の義認を説き、他方では行為の功績をも考慮する。それゆえ功績となるわざは意志からだけで生じることはない。もしそうならペラギウス主義となってしまう。そこで意志は第一原因であっても恩恵による超自然的習性が付加されて初めて功績となりうる。もちろん自由意志と神の愛とから成る行為自体が功績となるのではない。なぜなら功績は神によって受納されることによって初めて成立するからである。だから神の受納の第一根拠は神の寛大な意志、つまり恩恵であり、第二根拠が愛のわざとなる（Op. ox. I, dis., 17, q. 3, no. 24）。

したがって功績となる行為は次の二つの条件を満たしていなければならない。①自由意志と神の愛とが協働して行為を生みださねばならない（「二重原理」）。自由でないような行為は決して功績とならないし、行為の中に神の愛が関与していないなら、神に受納されて功績とはならない。したがって、②超自然的形相である神の愛への関係がなければならない。この関係は人格的な関係であって、個別的な人格が神に受け入れられないなら行為は受納されない。ここに人格が「受納の原理」となっている（W. Dettloff, Die Lehre von der Acceptatio divina bei Johannes Duns

Scotus, S. 109f.)。こういうスコトゥスの思想には神と人とが意志を通して人格的な関係に入っていく新しい道が芽生えて来たといえよう。

オッカムの自由論

オッカム（William of Ockham, ca.1280-ca.1349）はスコトゥスと同じフランシスコ会に属し、自由な精神と鋭利な論理をもって教皇政治を批判し、哲学ではノミナリズム（唯名論）の復興者として有名である。彼は伝統的なスコラ神学の方法、すなわち神学と哲学を階層的に統一する宗教哲学的方法に対してきわめて懐疑的であり、哲学の論証と宗教の信仰とを区別し、二重真理説を確立した。なかでも神の存在証明はいかなる仕方でも論証しえず、推論によって第一原因たる神にいたることもできないし、霊魂の不死・三位一体・万物の創造・受肉などの教説も論証することができないことを説き、カントの弁証論の先駆となった。

オッカムが確実性の土台に据えているのは、実践的意志の内的で明晰な経験であり、アウグスティヌスの内面性の立場に立っている。彼はスコトゥスにしたがって知性に対する意志の優位を主張する。人間の意志はその本性によって幸福、すなわち究極目的に関わっている。この目的は行為の規範となるが、トマスのように客体的善の価値によっては決定されず、かえって主体的意志によって決定される。だから意志は究極目的に外から引き寄せられたり、目的達成の手段選択にのみ自由であるのではなく、それ自身の無記中立的性格のゆえに自由である。『自由討論集』第一巻一六問は自由意志について論じ、次のように言う。

わたしは、自分で無記的に、かつ、偶然的にさまざまなものを生みだしうる能力を、自由と呼ぶ。こうしてわたしはその能力の外部に存在する多様なものに何らよることなく、同じ結果を惹き起こすことも起こさないこともできる（Ockam, Quodliberta Septem, I, q. 16（Opera theologica IX, 87-88））。

自由は主体の外にある何らかの客体に依存することなく自立し、無記中立的な生産的動力因として把握される。この自由意志の事実は哲学的に証明されえなくとも、すべての人が直接経験している。「これは経験を通して、すなわちいかに多くの人間の理性があることを命じようとも、意志そのものを意志したり、意志しなかったりし得ることを、人は経験するという事実によって明白に知られる」（op. cit., ibid.）。

人間の行為が道徳的に善であり、功績となるのは、この自由意志によって実現されたものだけであって、トマスのように目的に適っていたり、スコトゥスのように「正しい理性」に一致しているからではない。それに対しオッカムは道徳的行為の善悪を神の意志との一致に求める。神の意志こそあらゆる道徳的規範を越える規範そのものであり、スコトゥスのいう「正しい理性」（実践理性）も規範ではあるが意志によって措定されるがゆえに、意志と並ぶ同等の根拠とはならない。このように意志が客体的規定から分離されたことは、正しい理性、目的、諸状況を相対化させるため、意志の自律的傾向があらわれ、主観主義に陥る危険を孕んでいた。だが、ここでは人間の意志は直接神の意志と人格的に関係するものとなった。ここにキリスト教思想史の重大な転回が見られる。

アウグスティヌスがプラトン哲学によって、トマスがアリストテレス哲学によって神学のなかに統合した形而上学は、元来キリスト教とは異質のギリシア文化が生みだしたものである。キリスト教とギリシアの形而上学の総合はアウグスティヌス以来構想されてきた宗教哲学の体系化の試みであった。中世スコラ神学がその頂点となったが、オッカムのもとで今や原理的に解体しはじめた。この解体は哲学と神学の分離や二重真理説となったが、その根源はオッカムの自由意志の把握の仕方に求められる。確かに彼こそスコラ神学者のだれよりも信仰の主体性を重んじ、神学を意志の主体に集中させ、神学の中心に神の全能と人間の罪や功績との関係を問うノミナリズムの伝統を形成した。こういう伝統に立って初めて以前には予想だにできなかった主体的な救済の問いが発せられるようになった。それゆえオッカムでは神を世界との関係から類比的にすべてを考察する哲学的神学に代わって、神と人とが直接意志において応答的に関係する新しい神学が創始されることになった。彼の思想を神学的に完成させたのは、最後の中世スコラ神学者といわれるガブリエル・ビール（ca.1410-95）である。このオッカム主義は一五世紀から一六世紀にわたり「新しい方法」（via noverna）として勢力をのばしていった。これに対抗して建てられたのが、トマス復興の試みとしての「旧来の方法」（via antiqua）であった。ルターはオッカム主義の新しい学問と救済論を批判的に受容することによって宗教改革者となった（この間のいっそう詳しい研究として金子晴勇『近代自由思想の源流』第二章「オッカム主義の自由意志学説」七〇―一三五頁と第三章「ルターとオッカム主義の伝統」一三六―二〇二頁を参照されたい）。

Ⅳ　ルネサンスと宗教改革の時代
——エラスムスとルターの自由意志論争——

ルネサンスはもっとも包括的に考えるならば一四世紀から一六世紀にわたるヨーロッパ史の期間を意味する。この時代の巨大な精神運動を概観することはきわめて困難であり、その特質を述べることも不可能に近いのであるが、ミシュレがはじめて用い、ブルクハルトにより採用された「ルネサンス」という言葉は、この時代の歴史的な文化的事象を適切に表現しているといえよう。しかしルネサンスの概念自体も歴史家によってさまざまな意味で用いられているため、それを統一的に把握することはできない。たとえは、ブルクハルトはそれを「世界と人間の発見」と特色づけ、「ルネサンスの文化は、はじめて人間の完全な内実をそっくりそのまま発見して、それを明るみに出すことによって、世界の発見にさらに大きな功績を加える。まずこの時代は、われわれが見たように、個人主義をもっとも強力に発展させる。ついでそれは個人主義を、あらゆる段階における個性のもっとも熱心な、もっとも多面的な認識にみちびく」(『イタリア・ルネサンスの文化』柴田治三郎訳「世界の名著」）と語った。こういう把握の仕方はトレルチに継承されていて、「ルネサンスとは徹頭徹尾自己に依存する個人主義なのであって、万人に共通する自主独立の自我というものを展開することであり、また地上の事物は天上からの投影であって無価値だとするような見方からの解放を意味する」（『ルネサンスと宗教改革』内田芳明訳、岩波文庫）と主張された。だが、さらにルネサンスと中世との連続性が強調され、そこからブルクハルトを批判してもいる。こうしてルネサンスの内容が宗教的なのか、それとも自然主義的なのかと論じられるようになり、ブルダッハは前者をワインシュトックは後者を説くにいたった。

ルネサンス人文主義

この時代の文化事象は総じて「ルネサンスと宗教改革」と称せられているように、二つの対立する傾向によって成立していると一般には理解される。つまり前者は自然主義的であり、後者は宗教的であると区別して説かれた。しかしルネサンス時代の人文主義者の思想を検討してみるならば、古典に親しむ彼らといえどもキリスト教を堅持している場合が多い。とくにアルプスを越えたヨーロッパでは「キリスト教的人文主義」という性格を顕著に示した。そこでわたしたちはルネサンス時代の人文主義を最初に問題とし、その代表者としてエラスムスにおける倫理思想の成立を述べ、それとの対比によってルターの倫理思想を考察してみよう。

人文主義という言葉のなかには明らかに「フマニタス」（人間性）の意味がふくまれている。これはギリシア語のパイデイアに当たる言葉で、精神的教養を意味する。キケロはいう「わたしたちはみな人間と呼ばれてはいる。だが、わたしたちのうちで教養に相応しい学問によって教養を身につけた人々だけが人間なのである」と。ここでの「教養」がフマニタスであり、人間に相応しい存在をいう。ルネサンス人文主義はこのフマニタスを再認識すること、つまり中世をとおって培われてきた人間の本性が罪に深く染まり堕落しているという見方をしりぞけて、人間の堕落しない神聖なる原型、キケロのいう「死すべき神」としての人間の尊厳を確立しようとする。その際、人文学は「もっと人間的な学問」（littrae humaniores）と呼ばれ、「より人間的なもの」（フマニオラ）となってゆく自己形成と教養によって人間としての倫理が説かれた。

この人間形成は最終的には神に似た尊厳にまで達しうると考えられていた。たとえばイタリア・ルネサンスの代表的人文主義者であるピコ・デラ・ミランドラはその著作『人間の尊厳について』の演説の中で次のように主張した。神がアダムに語りかけて言うに、「汝は自身の精神の判断によって神的なより高いものへと新生しうる。……人間はみずから欲するものになりうる」

と。つまり人間は自分の今ある状態を超えて神的存在の高みに達することができると彼はいう。ここにルネサンスの全体を通じて看取しうる統一的主題「人間の尊厳」が述べられ、ルネサンスの宣言書が見いだされる。

他方、華やかなイタリア・ルネサンスの宮廷からアルプスを越えてドイツに入ると、後期ゴチックの巨大なカテドラルの下に激しいほどの信心の世界が開けていた。そこでの人文主義運動は倫理的・宗教的性格が強く、教育のため学術を昂進させ、とくにエラスムスの諸書作の影響によって文芸の復興から神学研究へと方向転換が生じた。こうして人文主義は宗教改革運動と結びついて発展してゆくことになる。

このように人文主義の影響はルターのみならず、宗教改革者のすべてにも及んでいる。しかし宗教改革者ルターは人文主義と袂を分かつ道を歩むことになる。これが生じたのは自由意志をどのように解釈するかという問題からであって、この二つの精神的運動が両立から対決にまで進展することになった。このことがエラスムスとルターの間に起こり、その自由意志論争こそ自由の思想史の最大の争点となった。それを考察するに先立って両者の倫理思想の成立を述べておきたい。

エラスムスの意志論

エラスムスによってルネサンス・人文主義の思想が完全な成熟段階に達した。彼は言語、表現、文体を愛し、古代的人間の叡知が彼の言葉によって再生し、古典の精神が新しい人文主義の装いをもって輝きでている。それは『対話集』や『痴愚神礼讃』のような文学的作品の中のみならず、初期の哲学的、神学的著作『エンキリディオン』や完成期の『評論・自由意志』でも明らかである。

初期の代表作『エンキリディオン』(詳しくは『キリスト教戦士必携』)を通して倫理思想の成立をまず考えてみたい。彼はこの書物でイギリスのコレットを通して知ったフィレンツェのプラトン主義の影響の下に、哲学とキリスト教神学とを総合的に捉えようとする方法を確立し、その思想を「キリストの哲学」として提起した。彼はプラトンによって人間を魂と身体とに分け、世界をも感覚的世界と知性的世界とに分けた。前者から後者への超越を倫理の目的とし、これを実行するためにはキリスト教の力によらなければならないと説いた。このようにプラトン主義とキリスト教が総合的に把握され、彼の思想が「キリスト教的プラトン主義」として形成されており、キリスト教的人文主義の性格がここに結実した。

エラスムスの倫理思想の全体的特質は次の「キリストの哲学」の中に要約的に示されている。とくにそこで語られている「復活」がルネサンスの根源的意味を示していることに注意すべきである。彼は『新約聖書への序』の「呼びかけ」でこの哲学を次のように提示した。

この哲学は三段論法の中よりも心情のなかにその場をもち、論争よりも生活であり、学問よりも霊感であり、理性よりも生の変革である。学識があることは少数の者にのみゆるされているが、キリスト者であることや敬虔であることは誰にも禁じられていない。わたしはあえて付言したい、神学者であることは誰にも禁じられていない、と。さらに最も自然にふさわしいことは、すべての心の中にたやすく入ってゆく。キリストの哲学とは良きものとして造られた自然の回復——キリスト自身これを復活（renascentia）と呼ぶ——にあらずして何であるのか。したがってキリスト以上に誰れも決定的に効果的にこれを伝えたものはなかったが、また異教の書物にはこの教えに一致する多くの事柄をわたしたちは見いだす（『エラスムス神学著作集』金子晴勇訳、教文館、二三五頁）。

『エンキリディオン』出版後八年してヨーロッパ全土を爆笑の渦にまきこんだ不朽の名著『痴愚神礼讃』が現われ、古典的で文学的なエラスムスの本領がいかんなく発揮される。彼の文章の中に古代の叡知が受肉し、ここにルネサンスは言葉の出来事となって実現した。わたしたちの人生と社会には痴愚は不可欠であるが、これが痴愚神の自己礼讃の愚行によって語られる。痴愚女神は学芸の神ミネルウァのまさに敵役なのだから、これまでの彼の哲学と正反対の立場から人間の倫理も語られた。こうして人々に痴愚と想われているものが実は知恵であり、知恵が逆に痴愚である点が軽妙に摘出され、真の知恵が「健康な痴愚」のなかにあって、うぬぼれた知恵は「純粋な痴愚」にほかならないことが説かれた。彼は時代の危険な狂気を指摘し、キリストを信じる者の固有の倫理を説き明かした。

ルターの意志論

古典文学の復興を志した人文主義者のエラスムスと相違して、ルターは本質的に宗教的人間であり、神の前に道徳的功績をもって立とうとする試みに挫折し、「信仰によるのみ」(sola fide)の信仰義認の立場から宗教的な倫理思想を確立し、プロテスタンティズムの創始者となった。

信仰義認という彼の中心的教説は「神の義」の認識と深くかかわっている。一般には「神の義」というと神が人間の罪悪を罰する正義と考えられており、ルターも初めはそのように考えていたが、道徳的に修業に励んでも良心の平和と救いは得られなかった。そこでパウロにしたがい「神の義」を信仰によって神から受容する義であると把握し、救済の経験に達した。信仰によって神の前に義とされた人は神から恩恵を報酬として獲得しようとする下心からではなく、神との心の一致において自由な愛から、ただ神を喜ばすために、その戒めを積極的に実行する。このような宗教的な倫理思想の特質をまず『キリスト者の自由』から明らかにしてみよう。

一般に自由は政治的にも倫理的にも宗教的にも説かれるが、ルターの説く自由は宗教的次元に発し、倫理と政治の領域にまで発展する。宗教的自由は罪からの救済によって与えられるものであって、救い主キリストに対する信仰によって授けられる。それは神の言葉であるキリストとの交わりを通して新生することによって与えられる自由であり、信仰義認から生じる高次の宗教的自由である。それは罪の奴隷状態からの解放から成立しているため、他者に対して積極的に愛の奉仕をなす僕ともなりうる活動力を秘めていた。

彼はこの書の冒頭でキリスト者の自由とは何かと問い、それを次の相対立する二命題によって示した。

第一命題は「キリスト者はすべての者の上に立つ自由な君主であり、だれにも従属しない」であり、第二命題は「キリスト者はすべての者に奉仕する僕〔つまり奴隷〕であり、だれにも従属する」である。この二命題によって「自由な君主」と「奉仕する僕」との矛盾した存在にキリスト者が同時に立っていることが示される。

ルターはこの矛盾を解くべく内的な信仰による義と外的な愛による行為とに分けて論じてゆき、この書物の末尾で、信仰によって神から自由を授けられたキリスト者は、もはや「自己のために生きるのではなく、キリストと自己の隣人とにおいて、すなわちキリストにおいては信仰を通して、隣人においては愛を通して生きる」と説いた。こうして自由は結局「自己からの自由」と考えられ、この自由がないなら信仰も愛もなく、ただ自己主張としての罪のみが支配することになる。

ルターは真の自由をこのような罪からの解放とみなし、信仰のみがこれを実現する。したがって信仰が自己を罪から解き放ち、自己を超えて高く飛翔し、神にまで昇り、愛に基づいて下降し、隣人のあいだで働くため、他者との協動を志す実践的主体となったことを力説する。この種の自由を彼は「あたかも天が高く地を超えているように、高くあらゆる他の自由に優っている自由」と規定する。この自由は信仰によって得られる最高の自由であって、「自由な君主」のように卓越したものであるが、それは同時に愛によって人々に「奉仕する僕」となると説かれた。

このような信仰と愛がルターの説く倫理の基本としての善いわざであるが、信仰によって善い「人格」となった者にして初めて善い「行為」をなすことができる。彼は言う、「どんな場合にも人格が、あらゆる善い行為に先だってあらかじめ善かつ義でなければならないのであり、善い行為がこれに従い、義しい善い人格から生じる」と。このように信仰と善いわざが道徳の内容となったが、道徳的愛から出発するカトリック的な「愛によって形成された信仰」をルターは批判し、信仰によって義人となり、この義人が愛によって善いわざを実行すると主張し、これこそパウロの言う「愛によって働く信仰」であると説いた。

こうして信仰による自由は「奴隷」という矛盾的に対立している状態からの解放を内容としているため、自由にされた人は「僕」として愛の奉仕に向かうことになる。宗教によって罪から解放されるとそれで満足し終わってしまうのではなく、ふたたび罪を犯すためではなく、罪に転落している他者に積極的にかかわってゆく。つまり自由とされた人が「僕」として派遣される。それゆえルターの説く信仰による自由は「奴隷」という対立契機を通過しているため、その克服にたえず立ち向かうような、より高次の自由であり、神との人格的交わりの中でそれは与えられ、他者との協動関係に生きるべく自己を投入してゆく。

人文主義者エラスムスが説く自由が本質的に個人主義的であったのに対し、宗教改革者の説く自由は自己超越的で力に満ちあふれた愛となって活動する。この自由の高みから愛の低さに下ってゆく落差こそ信仰の燃えるエネルギーであり、ここに近代の新しい出発点が与えられた。プロテスタンティズムの職業倫理はここに歴史的形成力を得ている。

自由意志についての論争

教会改革の要請に関しては一二世紀以来改革が求められてきたが、一六世紀の改革は単に教会の制度的改革にとどまらず、信仰の中心である教義の改革となった。エラスムスとルターは当時の教会改革については一致するところが多かったし、エラスムスの方がルターよりもラディカルな点も多かった。しかし宗教に対する理解については二人のあいだには相当のひらきがあったといえよう。したがって一六世紀の宗教改革の運動には次の三つの類型が認められる。

(1) イタリアの改革運動は人文主義に立ってキリスト教を受容する傾向を示し、強調点は人文主義の上におかれた。フィチーノやピコ・デッラ・ミランドラがその代表である。

(2) アルプスを越えた北のヨーロッパにおいては、同じ時代ではあっても、キリスト教の勢力が強く、キリスト教的人文主義という形態が生まれた。ここでは強調点はキリスト教会の刷新におかれており、その代表者はエラスムスである。

(3) このキリスト教的人文主義が支配的であったところから、その影響を受けながら登場してくるのが、ルターを代表とするいわゆる宗教改革の運動である。

したがって(2)と(3)の類型は教会改革では共同線戦を張れたが、やがて分裂する宿命を宿していた。エラスムスのキリスト教的人文主義はキリスト教を土台としながらも古典文化の導入によってキリスト教世界を修復しようとし、当時のカトリック教会に攻撃を加えたのも、いわば外側から懐疑、機知、皮肉、諷刺を用いて、ヨーロッパ世界に良い生活と平和を造りだそうとした。他方ルターの方はキリスト教そのもの、その教義まで改革を推し進め、キリスト教自体の新生を求め、徹底的に変革しようと試みた。だから一五二一年のヴォルムス国会の頃までエラスムスはルターを助けて共同の戦いを遂行したが、やがてエラスムスはカトリック教会の圧力に屈してルターを批判するようになった。こうして『評論：自由意志』が発表された(一五二四年)。それに対するルターの反論『奴隷的意志』は一五二五年に出版された。わたしたちはこの自由意志についての論争を通してこの時代の自由思想を次に解明してみよう。

（1）問題の所在

倫理思想の中核を形成している自由意志の問題は、アウグスティヌスとペラギウス派との論争以来、中世を通して絶えず繰り返し論じられてきた中心問題であり、自由意志と神の恩恵との関連がつねに探求されてきた。ところが一六世紀では変化がおこった。というのはエラスムスはルネサンス・人文主義の代表著として人間の尊厳を説き、主体性の強い自覚に立って思想を展開しており、ルターも当代の新しい学派であるオッカム主義の下に教育を受け、自由意志による功績思想の問題性を親しく経験し、これとの対決から思想を形成したため、両者の自由意志をめぐっての対決は、これまで類例を見ないほどの激烈なものとならざるを得なかったからである。

こうしてエラスムスがルターに賛同しがたいとした論点は、実に人文主義の生死にかかわる論点であった。彼は教皇制、浄罪界、贖宥状のような教会の制度や政治に関してルターに向けられた訴訟問題を採りあげたりしなかった。これらの点では彼の方がラディカルでさえあった。そうではなく、彼はルターと心情の奥底において意見を異にし、信仰の見方がもっとも深く対立し、キリスト教の教説の中心にして永遠なる問題を選んだ。それゆえルターの方もエラスムスに「あなただけが事柄そのものを、つまりわたしへの訴訟の核心を捉え、事態の要諦を見、急所を突いた」と語って感謝している。

自由意志と神の恩恵についての論争は人間の自由な主体を神との関係のなかでいかに捉えるべきかという神学上の、つまり宗教的な救済に関する性質の問題であったが、一六世紀はこういう形式によって倫理思想が展開した。ここではエラスムスの倫理思想がよく表明されていると思われる論点をあげ、ルターの主張と対比させてみよう。

（2）　自由意志の定義

まず最初に論争がもっとも白熱的に展開したのは、自由意志の定義をめぐってであった。エラスムスは言う、「わたしたちはここで自由意志を、それによって人間が永遠の救いへ導くものへ自己自身を適用させたり、あるいはそれから離反したりし得る人間の意志の力であると考える」（『評論：自由意志』I, b, 10）と。この定義はルターの主張、「生起するものはすべて単なる必然性から生じる」という命題を批判して立てられたものである。

ルターが説こうとしていた点は、堕罪以後の人間が所有している意志は神の前では全く無力であり、神の恩恵がないならば自己の救いを達成できないということであって、彼のいう「神の独占活動」という主張を述べるにあたって援用したウェルギリウスの言葉「すべては法によって確定している」が、ほかならぬこの絶対的必然性の命題であった（WA. 7, 146, 3ff. 参照）。エラスムスはこの命題を集中的に論難の対象にし、このような必然性に立つとしたら、マニ教やウィクリフと同じ倫理的決定論に陥る危険があるので、神の義と恩恵に対する人間の側の自由な応答性や責任性がなければならないと考え、この定義はできた。このようにルターが堕罪以後の罪に染った自由意志の状態を述べているのに対し、エラスムスの方は自由意志の堕罪以前の完全な本性について述べているのか、それとも以後の現実を述べているのか不明確である。したがって人間の本性上の可能性や能力を哲学的に考察しているのか、それとも神の前に立つ状態を神学的に論じているのか明らかでない。

ルターによるとエラスムスの定義は意志が自己の力で恩恵を獲得し、永遠の救いを達成しうるとみなしているので、そこには恩恵の働く余地はなく、結局のところ自由意志に、つまり「人間に神性を帰するものである」(WA. 18, 662, 6-7)。エラスムスはそのような批判は可能なかぎり最悪な解釈であり、自分の定義は恩恵を排除していないと反論した。

しかし定義の中の「永遠の救いへ導くもの」、換言すれば「神の言とわざ」(ルターの解釈による)へ自己を適応させたり離反させうる力を自由意志のものとみなしているかぎり、定義には恩恵が含まれているとはいえない。エラスムスは恩恵への準備が人間の意志にそなわっていると考えているのであるから、信仰の出発点を自由意志におくセミ・ペラギウス主義に立っているといえよう。確かに彼はアウグスティヌスが行なったよりもより多く自由意志を肯定したいので、自分をペラギウス寄りの立場に位置づけたのであった。

ルターはエラスムスの定義を批判してから自説を次のように述べている。「神の恩恵を欠いた自由意志はまったく自由ではなく、一人では善へと自己を向けることができないゆえに、いつまでも変わることなく悪の捕虜にして奴隷である」（ibid., 637, 4ff）と。これがルターの奴隷的意志の主張であって、神の恩恵によって新生していないかぎり、自由意志は悪をなさざるを得ない奴隷状態に陥っていると主張された。宗教改革者が恩恵がないなら人は罪のうちにとどまると否定的に考えているのに対し、人文主義者は自由意志は恩恵に助けられて何をなし得るかと肯定的に問うている。この設問の仕方にも両者の相違が認められよう。

（3）原罪に対する理解

次にエラスムス自身の人間本性とその罪性についての考えを検討してみなければならない。それはアダムの罪を継承している人間の現実、つまり原罪の理解で端的に示される。彼によると最初の人アダムは創造の始原において「毀損されていない理性と意志」とをもっていた。だから「正しくかつ自由な意志」は新しい恩恵なしにも無垢にとどまり得たが、この恩恵を欠いては永遠の生命に達することはできない。

ところで意志の毀損はアダムが神の戒めよりも「その妻に対する過度の愛ゆえに」生じた。その結果、理性も意志と同様に暗くなったが、それでもなお根絶されたのではない。その毀損の程度は善へ自力で向かうことができず、罪の奴隷となり、徳を実行するのに有効でない程度なのである。このようにエラスムスはルターとの対論によって奴隷的意志の主張の方に引き寄せられてはいるが、ルターのように自然本性の全面的な壊敗を説くのは極論として退けた。アダムの原罪によって自由意志の力は弱く、かつ、小さくなっていても、自由意志を取り除いてしまうのは明らかに行き過ぎであり、人間の責任性をあらわす自由意志は認められなければならない。

彼は自由意志の力を最小限のところで、つまりミニマムのところで認めようとする。それはあたかも激しい嵐にあいながら舟を無傷で港へ導いた舟乗りが、「わたしが船を救った」といわずに、「神が救いたもうた」というようなものである。そこでエラスムスはいう、このような状況においても「それでもなお多少のものを彼は行ったのだ」と。この最小限度の意志の自由こそ、エラスムスがルターとの論争において認めた自由意志であった。

このように恩恵に対して最小限の自由意志を主張するところにキリスト教的人文主義の特質が実によく示されている。どのように制限されようともなお人間の尊厳に立つ基本的姿勢がここに認められているからである。

ここから判断するとルターの主張は自然本性の全面的否定であると考えられた。これに対するルターの反論の要点を示そう。エラスムスがこのように自由意志を理解することは、先にあげた自由意志の定義と矛盾する。すなわち、先には自由意志を肯定し、ここでは否定している。だが定義の中で彼が肯定している自由意志と、罪の現実にもかかわらず残存していると弁護されている自由意志とは別物である。

ルターは創造における自由意志と堕罪以後のそれとを区別する。それに対してエラスムスがそれらを混同していると彼は批判した。もし哲学と神学とを厳密に区別しないのを誤りであると仮定すれば、この批判は妥当であろう。しかしエラスムス自身の立場に立つなら、彼は人間の主体性を恩恵に対して最小限においてでも認めようとしているのであるから、ここでの主張は定義と矛盾していない。だからルターの批判は当たっていないことになろう。

さらにエラスムスは自由意志と恩恵との関連について学説史的検討をなした上で「多少のものを自由意志に帰し、多大のものを恩恵に帰している人々の見解にわたしは同意する」と主張した。この主張こそキリスト教的人文主義の精神をよく示し、調和のとれた理想を表している。なかでも絶望しやすい人は自由意志を強調しようとし、高慢になりやすい人は反対に自由意志を過小評価する傾向があるが、いずれも過度であってはならない。「真理の探求には節度を保つことが望ましいとわたしには想われる」と彼は説いた。

これに対しルターは自分は自由意志の存在を否定しているのでもないし、不敬虔な意志でも何ものかであって無ではないのは自明だが、「神の前にあるという存在の仕方では無(ニヒル)である」という。したがってエラスムスが言うようにノンニヒル(多少のもの)とはいえないという。ルターは「神の前」という宗教的意識の下に思考しているため、人間の高貴な部分である理性と意志とを含めた「全人が失われていることを告白しないわけにはいかない」と主張した。

(4) 協働説の問題

自由意志と恩恵との関係には(1)ペラギウス主義のように自由意志から恩恵へと連続的に考える立場と、(2)ルターのように両著を排他的に設定する立場と、(3)両者を何らかの形で両立させようとする協働説の立場との三つの基本的類型が考えられる。エラスムスの主張は第三の類型に入り、協働の仕方は両者の対立、並存、合一、付加の関係ではなく、本来的に相互的でなければならないが、キリスト教的人文主義の観点から彼は神と向かい合い、相互的な人格性の確立を試みようとする。

まず彼は、神の恩恵の働きが先行し、自由意志がこれに協働してはじめて善いわざが実現されると説いた。したがって恩恵が主原因であり、自由意志は二次的原因であって、それは、主原因なしには何事も実現しえないという仕方で恩恵に協働する。

これとアウグスティヌスの協働説とを比較してみよう。アウグスティヌスは「活動的恩恵」と「協働的恩恵」とを区別し、前者によって「善い意志」が創りだされた上で後者がこれに協働すると説いた。そのため神人関係は相互的ではなく、恩恵のみに依存する信仰の関係に立っていた。エラスムスでは出発点を恩恵に帰するが、善いわざを協働的に実行する行為には自由意志が加わっており、最小限にまで制限されてはいても、それはなお意志は自律性をもったものと考えられた。したがって既述のようにセミ・ペラギウス主義ではないが、それに近いといわなければならない。

他方、ルターは協働説をもっとも嫌悪する。そのためエラスムスと正反対の協働説さえ立てようとした。エラスムスが人間の主体性として最小限の自由意志を弁護し、「人間に協働する恩恵」を説いたのに対し、ルターは「わたしたちが神に協力すること」、つまり「恩恵に協働する人間」を説いた。ここに両者の対立が顕著になってくる。前者は人間を中心にして恩恵をも立てる人文主義の立場であり、後者は人間を神に従属させる神中心の宗教改革の立場である。

ところでルターでは自由意志が単なる名目にすぎず、救済には実質上役立たないとみなされたため、その結果、恩恵のみに立脚して自由意志を排他的に分離することになったが、このことははたして是認されるであろうか。神の独占活動および絶対的自由の主張は、人間をして不自由な奴隷の位置に貶める。ここには彼の深刻な罪意識と「荘厳なる神」の前に立つ人間の無なる状態の自覚が大きく働いている。この無なる存在が神に向かいうるのは、もはや自由意志の力によるのではなく、自己を超えて他者なる神に向かう信仰によるしかない。ところが信仰をルターはエラスムスのように自由意志とは呼ばない。ところがルターにとり自由意志の挫折によって罪責を意識するのは良心の作用である。良心は罪のやましさのなかに自己を超えて神に向かう信仰の主体である。こうしてルターは恩恵と自由意志を排他的に考えているが、実は恩恵と良心とは実存的に相関するものとして捉えていた。

(5) 自由の弁証法

エラスムスは自由意志のもとで神の戒めに対し責任を負う倫理的主体を考え、それを「自律」として理解する。それはまた外面的儀礼に拘束された他律に対する批判であった。意志は本性的に自由であり、何ものにも強制されない。たとえ罪によって暗く、かつ、弱められていようとも、この存在は認められなければならない。それゆえ本性上の自由はただあるという意味で即自的に把握されている。

他方、ルターの方も他の何ものによっても拘束されない「自律」として自由意志を問題視している。だが、エラスムスと相違しているのは、ルターがこれを神にのみ認め、人間に認めない点である。もしこれを人間に認めるならば、それは人間の自己神化になると彼はエラスムスを批判する。

それではルターは自由意志の存在を否定するのであろうか。そうではない。人間は生まれながらの本性的な自由意志、したがって即自的自由をもっており、ルターはこれを現世の諸領域で認めるが、宗教、とりわけ神の前での救済に関しては認めず、かえって自らの行為によって奴隷的意志となっていることを説いてから、この奴隷状態からの解放によって成立する高次の自由を弁証法的に捉える。つまり自由の肯定は、その否定を媒介にして高い意味での肯定に達しているといえよう。

自由をそれ自身の本性に基づいて肯定すると、それ自体的に自由がどこまでも主張され、自由はここに自己主張欲たる我欲のなかに自己を閉じこめてしまう。このような「自己への歪曲性」こそルターのいう原罪にほかならない。この自我の牢獄に閉じこめられた自己は、罪の主体として悪をなさざるを得ない悪の奴隷である。真の自由はこの即自的意味での自由からの解放でなければならない。こうして獲得された新しい自由は『キリスト者の自由』によって、前述したように、もはや自己に向かわず、信仰によって神に、愛によって隣人に向かう、他者との共同に生きる実践的主体となっている。

わたしたちはこれまでエラスムスとルターによる自由意志についての論争を取り上げ、ルネサンスと宗教改革時代の自由思想の形成を考察してきた。この論争はルネサンス・人文主義に内在していた問題をえぐり出したものとして真に意義深いものであった。その問題というのは人文主義の偉大と悲劇との二重性であって、人文主義が主張する人間性は、その偉大さを追求してゆき、それが神や他者をも排除してまで自立するとき、ある運命的重力のようなものがそこに働いて、その偉大さは一転して悲劇となるということである。ルターはこの可能性をエラスムスの中にいち早く洞察していたといえよう。

したがってエラスムスが節度と中庸を重んじる合理主義の倫理に立ち、人間性の偉大な可能性を信じる理想主義の人文主義に立っていたのに対し、ルターは人間性の罪と卑小さから逆説的にその偉大さを説く現実主義的な人間観に立っていたともいえるであろう。そこにわたしたちはこの時代には二つの人間観とその倫理が形成されたということができよう。

エラスムスが自由意志の不可欠なのを説いている根拠は、神の道徳的世界秩序という理念であり、この秩序を保つためには人間の責任性をあらわす自由意志がなければならない。なぜなら責任のない存在に神が恵みや罰を報いるとしたら不合理であるから。

それに対しルターは、人間の自由意志のもとに神に反逆してでも自己を主張するエゴイズムという罪を見ぬいていた。だからエラスムスが他の動物と異なって理性と意志とを授けられ神に自由に応答できる人間性の尊厳を説いているところで、ルターは神を排斥し神に反逆してでも自己を主張する我欲としての罪を洞察していた。つまりエラスムスが知的洞察をもって人間の主体的責任を説いているのと同じところで、ルターは宗教的洞察をもって神に反逆する罪と不信仰をとらえていた。

ルネサンスと宗教改革はこのように代表者たちの論争によってその思想の特質をきわめてあざやかに展開した。一六世紀をもってはじめて近代は開始している。近代は人間性の無限の可能性とその罪責性という対立する思想をもって出発したことになる。だが、この対立は次第に内面化し、いっそう激しいものとなって今日にいたっているといえよう。

V　宗教改革から近代思想にいたる自由論

ヨーロッパ一六世紀の宗教改革はアウグスティヌスの恩恵論の復活をもって特徴づけることができる。宗教改革の中心的主題は恩恵に求めることができる。「宗教改革はアウグスティヌス主義の復興である。その鋭い切っ先は「恩恵のみ」（sola gratia）、「キリストによるのみ」（solo Christo）、「信仰によるのみ」（sola fide）、「神の栄光のみ」（soli Deo gloria）、「聖書のみ」（sola scriptura）というスローガンのうちに公式化される」（W. C. Robinson, Reformation: A Rediscovery of Grace, 1962, Preface x.）。このようなルターに始まる復興の試みを宗教改革の第二世代に属するカルヴァンからはじめて、トリエントの公会議、パスカルとライプニッツによってどのように自由論が変化したかを概観してみよう。

カルヴァン

宗教改革の第二世代を代表するジャン・カルヴァンは、ルターとツヴィングリの思想を総合し、一六世紀プロテスタント教義学の完成者となった。彼は最初『セネカ「寛仁論」註解』（一五三二年）を出版したことでも知られるように人文主義者として出発し、後にルターの宗教改革の思想運動に参加し、法学で修得した組織力を駆使し、教会の組織化と教義の体系化とに天才的能力を発揮した。彼の主著はもちろん『キリスト教綱要』（Institutio Chritianae Religionis. 初版一五三六年、最終ラテン語版一五五九年、フランス語版一五六〇年）という大作であり、恩恵と自由意志に関してもカトリック教会のトリエント公会議にあわせて改訂し、宗教改革神学の総決算がなされた。

カルヴァンは自由意志についてアウグスティヌス以来伝統となっている方法に忠実に従い、創造におけるその本性と堕罪後の状態、さらにその救済とに分けて論じた。ここでは創造における本性について第一編一五章を、堕罪以後の状態と救済について第二編一―六章を簡略に述べるにとどめたい。

（1）創造における自由意志

創造における自由意志についてカルヴァンはどのように考えていたのか。彼によると人間の自己認識は創造における存在と堕罪以後の状態との二重の理解から成り立っており、創造の存在は人間の悪を創造者の責任に帰させないためにも重要である。この創造の本性は「神の像」（imago Dei）に造られたことを一般に意味しており、堕罪によってこの像は全く失われたのではない。もしそうなら本性を認識する手がかりもなくなってしまう。ただし、その状態は甚だしく腐敗しているため、自由意志によって永生に達しうることは単なる可能性にすぎず、現実には不可能である。このように腐敗し堕落していてもなお認められる本性の品位は「恥」の概念によって示され、罪の直中にあっても義を尊ぶ心はあって、そこに「宗教の種子」（samen religionis）が認められた。

しかし、この著作の初版では自由意志についての主題的考察は有名な予定説と同様に行なわれていない。それは初版を発行したときには「フランス国王への序文」に示されているように、フランスのプロテスタントの信仰告白とその弁明が主たる著作の目的となっており、「準備、自由意志、功績」などのスコラ神学の主張に対する批判が物議をかもしていることが述べられたが、これを十分に展開させる余裕はなかったといえよう。また初版には「キリスト者の自由」について論じた注目すべき箇所（第六章）があり、自由が三種に別けて論じられた。そのなかで、信仰による良心の自由と神の意志に喜んで従う自由のほかに、第三の自由として「善悪無記の」（indifferens）外的事物に対する自由が論じられていたが、ここではストア主義的な意味で善悪無記（indifferentia）の状態が考えられていた。またカルヴァン主義の特質として一般に示されている予定説は初版になく、その後のカトリックによる迫害から発展してきたものである。そこで『キリスト教綱要』の最終版から彼の自由意志の学説を検討してみたい。

カルヴァンはプラトンやアリストテレスに依って「神の像」としての精神の働きを考察したが、哲学者たちが創造と堕罪とから起こった自己認識の二重性を知らず、両者を不当にも混同している点を批判する。つまり哲学者は人間の理想主義的な像から出発して行って、堕罪を無視した自律思想を主張したが、それは否定された。それゆえ宗教改革の研究家ハウクは言う、「哲学者は自律的人格性の倫理に立ち、そのため意志の自由は絶対不可欠の前提となっている。ここからすでにカルヴァンの神律的に方向づけられた人間の理解と哲学者たちによって代表された自律的に規定されたそれとの間には橋渡しできない断絶が起こった」（W.A.Hauck, Vorsehung und Freiheit nach Calvin, 1947, S.60.）と。

このことはカルヴァンとエラスムスがともに主張しているヘゲモニコン（指導的部分）につい

て比較考察することによって明らかになる。

神は人間の魂に精神を賦与し、これによって善を悪から、正を不正から区別し、理性の光の指導によって何を求め、何を避けるべきかを見わけるようになしたもうた。それゆえ、哲学者たちはこの指導的部分のことをト・ヘゲモニコンと呼んだのである。神はこれに意志を結びつけたもうた。この意志によって選択が生じる。人間の最初の状態はこれらの卓越した賜物によってきわ立っていたので、理性、知性、思慮、判断は、単に地上の生を支配するに足りていたばかりでなく、これらによって神と永遠の至福とにまで移り行くものであった。次に選択が付け加えられ、これが意欲を統制し、すべての器官の運動を調整した。こうして意志は理性の導きに全く合致するようになった。このような完全性の下で人間は自由意志を行使することができたので、もし欲するなら、自由意志によって永遠の生命にまで達することもできたであろう（Institutio Christianae Religionis, I, 15, 8）。

このヘゲモニコン（指導的部分）である人間の理性は、実践理性として意志を善に向けることが説かれた。このようにカルヴァンは自由意志を創造の本性に帰属させているが、意志は選択において自由であっても、善にとどまり続ける一貫性に欠け、堅忍の力が与えられていなかった。しかし自ら意志して破滅を招いたのであるから、弁解の余地なく、責任は意志に帰せられる。ところが哲学者たちは自由意志を堕罪以後の破滅的状態にあっても損なわれていないとみなす点で誤っている。彼はここに哲学と神学とを混同することの誤りを指摘し、哲学者たちの「乱心」と「幻想」を批判した（Calvin, op. cit.,I, 15, 8）。この批判はルターのエラスムス批判と一致する。

(2)　堕罪以後の自由意志

自由意志は堕罪以後では原罪によって腐敗し、悲惨な必然性に服していても、喪失した自由に対するあこがれが認められる。つまり現実の「恥ずべき有様」や「良心の苦悩」が本来の人間性へのあこがれを生みだしている。しかし、このあこがれを直ちに現実とみなすのは「自由意志の幻影」にすぎず、「自由意志を擁護するものは、これを確立するのではなく、かえってくつがえす」とのアウグスティヌスの説が継承された（Calvin, op. cit.,I, 15, 8）。カルヴァンは主としてアウグスティヌスによって、クリュソストモス、ヒエロニュムス、オリゲネスなどの混乱した思想を批判し、同時代の自由意志の擁護者エラスムス、エック、コクレウス、ヨハン・ファーベルと対決した。また彼は中世スコラ神学における自由意志の概念を反省し、堕罪にもかかわらず「人間がまだ完全な地歩を守っているかのように自由意志という言葉がいつもラテン神学者たちの間で使われていた」(op. cit.,II, 2, 4) と言う。彼はこの事実を指摘し、自由を哲学的に強制からの自由、つまり偶然性に基づいて考察する哲学的自由論が多くの誤謬の根源になっている点に注目した (op. cit.,II, 2, 7)。こうして自由意志という言葉にまつわっている重大な危険性、たとえば自分が意志の主人であり、どちらの方に向かうこともできるといった錯覚を起こすことがありうるがゆえに、この言葉を正しい意味で用いることが困難となる。だから教会の用語から廃止されるように願い、現実には人間が罪の支配下にある以上、意志も罪の奴隷となっている点を力説した (op. cit.,II, 2, 27)。

(3) 恩恵への準備の否定

意志が罪に拘束されていると、善にそなえる意志の「準備」などあり得ないことから、カルヴァンはオッカム主義に対する攻撃を展開した。人間は神の恩恵によらなければ、罪の奴隷状態から脱出することはできない。それなのに自由意志はこの恩恵に対し準備しうるというのがオッカム主義の主張であった。これに対しカルヴァンはオッカム主義における「偶然性」と「無記的未決定性」に基づく自由意志の説に反撃を加えた。この種のどちらとも未決定な選択の自由は、理論的には可能であっても、現実には善と悪とのどちらかに決定されており、現実には存在しない。カルヴァンもルターが『奴隷意志論』で主張した「荷役獣」と同様に、神とサタンによって御せられる「馬」の比喩をアウグスティヌスから引用してこの現実を説明した。しかし、このような現実は決して強制によって生じているのではなく、悪への自発的選択行為に基づいている。この意味での奴隷的意志のあり方こそアウグスティヌスが説きはじめ、ルターも共感したものであった。

(4) 予定説の理解

次にパウロの予定説（ローマ書九・一六）から引きだしたエラスムスの結論「人間の意志や努力には、それ自身としては弱いけれども、神の憐れみによって助けられるならば、繁栄する成果を欠かないあるものがある」に対し、たとえオリゲネスやヒエロニュムスがそれを支持しても、これは不当な解釈であるとカルヴァンは批判する。神の予定に反対して「人間の意志や努力だけでは、このような重荷に耐えられないから、十分ではない」と解釈するのは、「欲するものによらず、走るものによらない」という聖句を「十分でない」つまりある程度の意志と力が人間にあると解釈し、そこに「欲するもの」「走るもの」があるとみなすことである（op. cit.,II, 5,

17）。同様に半死半生の旅人（ルカ一〇・三〇）についても「正しい理性と意志とのいくぶんかが残っていないなら、どこに半分の生命はあるといわれるのか」（op. cit., II, 5, 18）という解釈にもカルヴァンは反論し、「神の言葉は人間に半分の生命を残さないで、浄福の生活に関するかぎり人間は全く破滅していると教えている」と批判した。半死半生という意味はルターが「義人にして同時に罪人」をこれに適応して義認論を確立したように、自由意志が半分肯定されていると解釈することが拒否された。つまり自由意志に何らかの自律性を残すことが拒絶された。その結果、救いと滅びについての神の絶対的な主権が確立され、二重予定説が説かれるようになった。

カルヴァンはルターと同様に神の恩恵と自由意志の問題を重視して、その反対者たちと格闘した。しかし、その反論は一点に集中していた。すなわち「彼はただ自由意志が自律的であるという主張を反駁しているにすぎない」のであって、「哲学者たちによって要求されている意志の自律に対する余地は宗教改革者の人間学のなかには存在しない」（W.A.Hauck, op. cit., S.33, 62）といえよう。

アウグスブルク信仰告白とトリエントの公会議

自由意志についてのエラスムスとルターとの間に交わされた論争はプロテスタントの神学者たちに影響を及ぼしただけではなく、カトリック陣営にも大きな影響を与えた。元来ルターによって創始された宗教改革の運動は、教会の改革のために新しく公会議を開くことを目的としたものであって、教会がカトリックとプロテスタントとに分裂した後も、共同の公会議が開催され、討議されるように要求されたのであった。

（1）「アウグスブルク信仰告白」

この試みはまず一五三〇年のアウグスブルクの帝国議会に提出された「アウグスブルク信仰告白」として試みられた。それはメランヒトンによって作成され、ルターの同意を得て発表された。これはカトリックの陣営に対しプロテスタントの信仰の基本的態度を鮮明に宣言したものである。もちろん、この「信仰告白」はトマス主義者エックによって帝国議会で論駁されたとみなされたが、後にカトリックとプロテスタントとの教会合同を目ざした哲学者ライプニッツによって高い評価をえており、さらに今日のカトリック教会は第二ヴァチカン公会議以後これを基本的に承認する方向に向かった。

ところで、この信仰告白では自由意志はどのように理解されていたのか。その第一八条は「自由意志について」という表題の下に次のように簡潔に述べられている。

また自由意志については次のように教える。人間はある程度の自由意志をもっており、外的に行儀よい生活をし、また理性の把握できる事がらについては選択をすることができる。しかし、人間は、聖霊の恵みや助力、その働きによらないでは、神に受けいれられ、心から神を畏れ、信じ、また心の中から生来の悪い欲望を取り除くことはできない。むしろそのようなことは、神のみことばをとおして与えられる聖霊によって起こるのである。パウロは、コリント人への第一の手紙二章(一四節)に、「生まれながらの人は、神の御霊から何ものをも受けない」と言っているからである(『アウグスブルク信仰告白とその解説』石居正己訳、リトン、二二頁)。

これに続けてアウグスティヌスの長文の引用がなされている。ここに「ある程度の自由意志」

が承認されており、理性による選択機能が認められた。しかし、これはこれまでもルターにより終始説かれている主張であって、ただ魂の救済にかかわる神学問題においてのみ、自由意志が否認されているにすぎなかった。というのは「罪は堕落した意志」に原因し（第一九条）、「すべての者は母の胎にいる時から、悪への傾向と欲とにみちている」（第二条）ため、聖霊によるのでないなら神に向かうことができないからである。

（2）トリエントの公会議

カトリック教会はプロテスタントによって喪失した権威と失地とを回復するために対抗改革に着手し、トリエントにて第一九回公会議を一五四五年から六三年にわたって開催し、教義上の重要な決定を数多くなし、対抗改革の精神と理想をかかげた。教義上の重な決定はニカイア・コンスタンティノポリス信条の確認、聖書と伝統の等価値、教会の聖書解釈上の唯一権威性、神の恩恵と自由意志の協働、七つのサクラメント、聖餐の化体説の確認、職位兼有の禁止などの広範囲にわたった。このなかで自由意志と恩恵が扱われている「義認についての決定」（Decretum de justificatione）だけを問題にしてみよう（P. Schaff, ed., Creeds of Christendum, vol. II, p. 89-118. なおこれについての優れた研究に H. Rückert, Die Rechtfertigungslehre auf dem tridentinischen Konzil, 1925 参照)。この決定は一五四七年一月一三日に開催された第六回会合によってなされた。そこでの自由意志についての主張は要約すると次のようである。

(1) アダムの罪によって無垢な状態を失い、自然の能力やモーセ律法によっては罪の奴隷から解放されえないが、「それにもかかわらず自由意志はその能力において弱められ悪化しているとはいえ、人々のうちに決して消滅しているのではない」(第一章)。ではこの自由意志はキリストによる義認に対しいかなる働きをなしているのか。義認は神の恩恵の先行によって功績のない者たちに生じる。その際、自由意志の働きについて次のように言われた。

罪によって神から離反した人たちは、神が生き返らせ援助したもう恩恵によって、彼ら自身の義認に向けて回心するように、その同じ恩恵に自由に同意しかつそれと協働して、備えられ得る。こうして神が聖霊の照明により人間の心に触れたもうのに対して、その霊感を受けているのであるから人間自身が全く何もしないのではない。なぜなら、その人はそれを拒否することができるからである。とはいえ自己の自由意志によって、神の恩恵なしに、神の前に義へ向かって出立することはできない(第五章)。

このような協働説の理解は本質的に言ってエラスムスの立場と同じである。それは自由意志が恩恵に協力するというもので、続く「準備の仕方」を論じた第六章の初めには次のように述べられている。「だが彼らは神の恩恵によって生き返らされ、援助されて、聞くことによって信仰をはらみながら、自由に神に向かって出立する」。この準備によって義認にいたるのであるが、義認は単なる罪の赦しではない。「そうではなく、恩恵と賜物とを意志的に受容することによる内的人間の聖化と更新なのである」(第七章)。つまり義認は単なる宣義ではなく、意志によって受容し、聖化してゆく成義であり、「各人自身の準備と協働にもとづいて」生じる(同)。

(2)このような協働説に立ってルターの信仰義認論に対する「破門」(anathema)がペラギウス主義に対するのと同様に連発された。カノン一から三まではペラギウス主義に対して破門が発せられ、四からルターの主張に向けられた。

まず、自由意志の協働を否定する主張に対して次のように破門宣告がなされている。

もしだれかが、神によって動かされ、生き返らされた人間の自由意志が、生き返らせ呼びかけたもう神に同意することによって義認の恩恵を獲るために、そなえ準備すべく協働することはすこしもない、また、もし欲するとしても、拒否できないで、生命のないもののように全く何も行為しないで、単に受動的にのみ振舞う、と主張するならば、破門されるべきである（カノン四）。

恩恵に対する受動的態度がこのように批判されているが、これはエラスムスが批判していたところである。同様にルターの奴隷意志の主張も拒絶されている。「もしだれかがアダムの罪以後人間の自由意志は失われ消滅していると、あるいは単に名称だけのもの、否、実体を欠いた名称、要するにサタンによって教会の中に導入された捏造物である、と主張するならば、破門されるべきである」（カノン五）。さらに「信仰によるのみ」（sola fide）のプロテスタントの原理まで弾劾された。つまりこう言われた「もしだれかが不敬虔な者が信仰によってのみ義とされると、こうして義認の恩恵をうるように協働するためには信仰以外の何ものも求められていないと、また自分の意志の運動をもって準備しそなえる必要は全くないと主張するならば、破門されるべきである」（カノン九）と。

このようにトリエントの公会議はルターの信仰義認を全面的に拒絶し、エラスムスの自由意志学説を受容して、対抗改革の運動を進めてゆくことになった。しかし、カトリック教会の内部でこのような反動がすべて承認されたわけではなかった。たとえば、この対抗改革の精神に最も忠実であったイエズス会士らに対決してジャンセニズムの運動がフランスにおいて起こり、恩恵の絶対性を主張したアウグスティヌスの晩年の思想に立ち返り、人間性と自由意志の能力に対して悲観的に見るべきことが説かれた。ジェズイット神学に対する批判はすでに一六世紀の半ばにルーヴァン大学のパイユスによって行なわれていた。彼はトリエントの公会議に出席していたが、彼自身はアウグスティヌス主義に立っていた。またトマス神学に立つドミニコ会もジェズイットに攻撃を加えた。

一六四九年七月、ソルボンヌの神学部長ニコラ・コルネはジャンセニウスの大著『アウグスティヌス』から異端とみなしうる五箇条（初めは七箇条）をとりだし、ジャンセニストの神学をルターやカルヴァンに近いものと解釈して次のようにまとめた。

第1条、神の命令のあるものは、正しい人々が実行しようと欲しかつ努力しても、不可能である。それを可能にする恩恵が彼らに欠けている――律法の解釈の問題。

第2条、人間性の堕落せる状態では、内的恩恵は不可抗のものである――不可抗的恩恵。

第3条、堕落の状態では、賞罰に値する行為をするために、人間は「必然性からの自由」をもつ必要はなく、「強制からの自由」をもつだけで足りる――自由と必然性の問題。

第4条、セミ・ペラギウス主義者たちは、一々の行為に対し、また信仰の開始に対してさえ、先行する内的恩恵が必要なことを認める点で正しいが、彼らは、人間の意志がこの恩恵に抗することも従うこともできると主張する点で異端である——自由意志の問題。

第5条。キリストが例外なくあらゆる人のために死んで血を流したというのはセミ・ペラギウス的異端である（野田又夫『パスカル』岩波新書、一二二頁による）。

ジェズイットとジャンセニストとの論争はパスカルの『プロヴァンシャル』によって一大論争にまで発展した。それは、この五箇条がジャンセニウスによって事実述べられたものかどうかという問題のみならず、人間の罪の現実に対する理解および恩恵と自由意志をいかに理解すべきかの問題としてパスカルによって発展された（詳しくは田辺保『パスカル伝』教文館、一二五頁以下を参照）。

モリナ・パスカル・デカルト

一七世紀に入ると恩恵と自由意志に関する学説はどのような展開を見せたのであろうか。この発展を全ヨーロッパ的視野で通観することは不可能なので、自由意志に関する論争で目立っている二つの場面を想起することにしたい。その一つはフランスにおけるイエズス会士の弾圧と対決したパスカルとそれに対するデカルトの反応であり、もう一つはピエール・ベールとライプニッツとの対決である。

パスカルは『プロヴァンシャル』によってイエズス会士の弾圧と対決したが、恩恵と自由意志に関する限りでは『恩寵文書』の方がその対決姿勢をいっそう鮮明に示した。その第一と第二の文書が自由意志と恩恵の問題を採り上げている。彼は当時のフランスに三つの立場がこの問題で立てられているとみなした。第一はカルヴァン主義の主張であり、すべての人は神の絶対的意志によって救済と断罪とに予定されていると説いた。第二には人間の救いも滅びもすべて人間の意志の自由にかかっていると説くモリニストの主張であった。第三はこの二つの極端な主張を批判しながら、これらを超克する立場として聖アウグスティヌスの弟子たちの主張であった。これらの三つの立場のなかでモリニストの立場がペラギウス主義に接近していたので、恩恵論の思想史上で注目に値する。

（1）モリナの立場

モリナ（Luis de Molina 1535-1600）の主著『自由意志と恩恵との一致』（De concordia gratiae et liberi arbitrii, 1588）はトマスの『神学大全』の注釈の形で書かれ、公けにはルター主義を反駁しようとした。しかし、それは事実としては逆にトマス主義的な道徳の解体となった（ボルケナウ『封建的世界像から市民的世界像へ』水田洋他訳、二七六頁参照）。つまり堕罪の軽視がそこには顕著に示され、人間が罪によって失ったのは超自然的恩恵であり、自然本性の完全性は残っていると主張され、自由意志が全面的に肯定された。そしてイエズス会士がプロテスタントに対決するためにこれと結びつくようになった。「彼はただカルヴァン派を論駁して、そこからは人間の道徳的堕落が生まれるものだという。反対に、〈人間は善である〉ということをイエズス会士ほど熱情をこめて言った者は稀である。モリナは、善行をなす人間能力がこの世のどんな対象に向かうのをもさまたげはしない。彼ははっきりと、なるほど人間で罪のない者はないが、各個の孤立化された罪には抵抗できる、と教えている。このことは、この世の諸対象に対する地上的な態度にとってばかりでなく、この世を超えた諸対象に対する地上的態度にもあてはまる」（ボルケナウ、前掲訳書、二七二頁）。ここから人間の意志は自由であり、どのような対象に向かうことも向かわないこともできると主張され、「未決定の自由」（Liberte d'indifference）が自由意志の特質として提示された。彼は「その存在が今、ここで、行動を引き起こすことも引き起こさないこともも未決定的に可能であることにほかならないような能力は、たしかに自由である」（Molina, De concordia gratiae et liberi arbitrii, 23, 45,1, 7. Index Scholastico-cartesien, par E. Gilson, p. 351 からの引用）と語った。これはオッカム主義の主張と同じである。モリナは言う「いなむしろ、自分で決定することも決定しないこともできるように、〔行動する〕より前に、自然本性は未決定的であるからこそ、意志は自由に働くし、行動するように自分で自由に決定するのである」と（Molina, op. cit., 14, 13, 53, 4.）。実にこの「未決定」（indifferentia）としての自由意志こそ一七世紀の自由意志学説の中心問題となっているものである。

（2）パスカルの恩恵論

そこでパスカル（Blaise Pascal 1623-62）のモリニストの見解について述べているところを参照してみよう。

モリニストたちは、……神は、すべての人間を一様に全部救おうとする意志、ただし条件つきの意志を持っておられるとする。この目的のため、イエス・キリストは人間になられたが、それは、すべての者を、ただひとりの例外もなくあがなうためであった。ところで、神の恩寵はすべての者に与えられているが、これをよく用いるのも、わるく用いるのも、人間の意志によることとであって、神の意志とは関係がない。はっきりと道をさし示す恩寵の助けがなくても、ただ自由意志だけでこの恩寵をよく用いたり、わるく用いたりするのを、永遠の昔からあらかじめ知っておられるので、これをよく用いる者を救い、わるく用いる者を地獄に落とすことをなさった。ただ、ご自身としては、どの人間に対しても、救おうとか、地獄に落とそうとかの絶対的な意志は持っておられない（『恩寵文書』田辺保訳、「パスカル著作集」V、教文館、一四二頁）。

パスカルはこのようにモリニストの見解を要約して示した上で、この見解が人々を甘やかすと批判して、「自分が救われるのも、ほろびるのもすべて自分が決めることだとして、甘やかすのである。神から、いっさいの絶対的な意志を除き去り、救いも、地獄落ちもすべて人間の意志でどうにでもできることだとする」（前掲訳書、一四三頁）と非難した。こうして人間は意志を善にも悪にも用いるが、意志それ自体は善悪無記的に中立し、自分の意志によって立つ自律となり、神の権威と恩恵から独立するようになった。このようにして神の意志に服することを強制と考え、それからの自由を求めて、他律から自律への方向を明確に説いたのがモリニストだということになる。この自律の思想はカントによって倫理学の根本概念として確立された。

しかし、パスカルは聖アウグスティヌスの弟子たちの見解をもってモリニストを批判した。その主要点は人間の本性のうちに二つの状態、すなわちアダムの創造された罪のない状態と堕罪以後の状態とを区別し、モリニストの説は罪のない状態に妥当し、カルヴィニストの見解は堕罪以後の状態に主として妥当しているとみなした上で、人間を次の三種類に分けた点である。

そこで三種類の人間があることになる。ついに信仰にいたることがない人々。信仰にはいたりつくものの、耐え忍ぶことがないため、大罪を負ったままで死ぬ人々。さいごに、信仰にたどりつき、死にいたるまで愛のうちに信仰を守りぬく人々があげられ、神は第一の種類の人々には救いの意志をもちたまうことなく、第二の人々には恩恵を与えたが、彼らは正しくこれを用いず、忍耐の恩恵に欠けていたが、第三の人々を確実に救いに導きたもうた。これでわかるように、神は救われる予定の人々を救おうとする絶対的な意志を持っておられ、ほろぶべき者をほろぼそうとする、条件つきの意志、予知にもとづく意志を持っておられる。そして救いは、神の意志からくるのであり、地獄落ちは、人間の意志からくる（前掲訳書、一四六頁)。

こうしてパスカルはモリニスト、カルヴィニスト、教会の見解に対して次のように結論を下している。「そこでモリニストたちは、救いとほろびの原因は人間の意志にあるとする。カルヴィニストたちは、救いとほろびの原因は神の意志にあるとする。教会は、神の意志が救いの原因であり、人間の意志がほろびの原因であるとする」(前掲訳書、一五一頁)。

パスカルの自由意志論は結局人間にはほろびへの自由しかないという厳しく暗いものであって、ルターの奴隷的意志にきわめて近いと言わなければならない。そこには人間の罪の現実に対する厳しい理解がある。それはアウグスティヌスの情欲に対する理解と同様である。「欲情は、彼の肢体の中にみちわたり、彼の意志を快くくすぐり、悪を無上の楽しみとさせるまでになった。そして心は暗いやみにとざされた。そのため、意志は以前には、善からも悪からも中立していたのに……今では、肢体のうちにみちわたった欲情にたぶらかされて動きがとれなくなっている始末である」(パスカル、前掲訳書、一六八頁)。このような悪への自由は罪の奴隷であり、自由意志はその本性において選択の機能をもっていても、悪に向かわざるを得なくなっており、神の恩恵によってこの奴隷状態から解放されないかぎり、滅びへの意志しかないと説かれた。

(3)　デカルトの立場

同じ時代に哲学者として活躍したデカルト(René Descartes 1596-1650)はパスカルのようにイエズス会士と対決したわけではないが、この論争の影響が彼の著作に影を落としているので、彼の自由意志学説についても触れておかねばならない。彼の方法的懐疑自体が「疑わしいものに同意を拒み、かようにして誤りを避ける自由意志」(デカルト『哲学原理』第I部第六節、桂寿一訳、岩波文庫、三八頁)に基づいて実行された。つまりコギトは真理だけを選択する自由意志の上に成立した。デカルトにとって意志の自由は「神の像と似姿」(imago quaedam et similitudo Dei)といえるほどに偉大なものであり、その本質はオッカム主義と同様に未決定性に求められた。

それというのも、意志の本質は、われわれがあることを、なすこともなさないこともできる(つまり、肯定することも否定することも、追求することも忌避することもできる)というところにのみ存するから。あるいはむしろ知性によってわれわれに提示されるものを肯定あるいは否定する際、すなわち追求あるいは忌避する際に、われわれが何ら外的な力によって決定されてはいないと感じてそうする、というところにのみ存するから(デカルト『省察』井上・森訳、世界の名著、二七七頁)。

ところでこの未決定性はデカルトによると自由の最も低い段階であって、意志を導く知性の認識が欠けているから、何を選ぶべきか決定できないでいる状態にある。知性における認識が増大して明晰になれば、意志のなかに大きな傾向が生まれ、未決定な状態が少ないだけ、それだけ自由は大きくなる。こうして「わたしが自由であるためには、わたしがどちら側にも動かされうることは必要ではない。むしろ反対に、わたしが一方の側に傾けば傾くほど……わたしはいよいよ自由にその側を選択する。たしかに、神の恩恵も、自然本性的な認識も、けっして自由を減少させるのではなく、むしろ増大し強化する」(Oeuvres de Descartes, AT, VII, p. 57.『省察』三木清訳、岩波文庫、二七七頁)。デカルトは認識論的に未決定性をこのように自由の最低段階として位置づけ、神の定めた真と善との明証的認識に従うことが人間の最高の自由であると説いたことは重要である。というのは、未決定性によって思惟は外的強制から自由であっても、人間においては神の未決定のようにその全能の証しとなるどころか(Oeuvres de Descartes, AT, IX, p.233. 第6駁論)、認識の欠如と有限性を示しており、そのため意志は自律的ではありえず、神の恩恵によって自由とされ、その力によって支えられていなければならないからである。ここに恩恵によって意志が支えられていることが判明する。

デカルトは『省察』の第四省察でこのように論じているのに、三年後に書かれた『哲学原理』

では未決定性の自由に対する厳しい批判はなくなり、自由を未決定と同一視し、この自由を疑いえない事実とし、神の予知と人間の意志の未決定との関係について考察することを断念した（『哲学原理』（前出）第I部四一節、六二頁）。このようなデカルトの学説上の変化には未決定の自由を説くイエズス会士とジャンセニストその他との神学論争が当時白熱化してきたという背景がある。未決定の自由を低く評価することはイエズス会士に対する挑戦と受けとられたばかりでなく、教会の権威を蔑する者として告発される危険さえもっていた。慎重なデカルトはこの種の神学論争に巻き込まれるのを避けた（西村嘉彦「デカルトの自由意志論」『哲学研究』第五四四号、三三頁以下参照）。

ライプニッツにおける自由意志と恩恵

一七世紀の後半から一八世紀の初めにかけて活躍したライプニッツの時代は啓蒙主義と敬虔主義が主流をなしている。ライプニッツ（G. W. Leibniz 1646-1716）は新しい自然科学の精神とキリスト教の根本原理とを和解させようとした。彼の学説の中心は個体的実体つまりモナドに求められ、個体の概念のなかにはすべての出来事が含まれる。しかし、人間の場合には自由意志が含まれ、これによって自らを展開するので、すべての出来事は確実であるが偶然性をまぬがれない、と説かれた。ここにオッカム主義的な「偶然性としての自由」に基づく近代的な人間の自覚と自由思想が顕著に示された。一六八六年の『形而上学叙説』には次のように述べられている。

各人の個体概念は、いずれその人に起こってくることを一度に全部ふくんでいるので、その概念をみれば、おのおののできごとの真理に関するア・ブリオリな証明、あるいは、なぜある出来事が起こって別の出来事が起こらなかったかという理由がわかる。しかし、これらの真理は神と被造物との自由意志にもとづいているから、確実ではあるが、やはり偶然性をまぬがれない。ところで、神の選択にも被造物の選択にも常に理由があるが、その理由というのは、傾向を与えるものであって強制するものではない（ライプニッツ『形而上学叙説』清水・飯塚訳、世界の名著、三九〇頁）。

さらに彼はこの点を説明し、「神がたえずわれわれの存在を保存し、産みだすことによって、もろもろの思想はわれわれの個体的実体の概念が担っている順序に従って自発的に、すなわち自由に起こってくる」という。したがって「神はわれわれの意志が最善と思われるものを選ぶようにさせる。とはいえ、われわれの意志を強制することはない。なぜなら、一般的にいうと、われわれの意志は必然性と対比するかぎり、未決定の状態にあって、別の行為をしたり、あるいはまたその行為をまったく中止したりする力をもっているからである。その場合、いずれの方針も可能であり、また可能でありつづける」（前掲訳書、四二一頁）。

このようにライプニッツは人間の自由が自由意志の自発性と未決定性において与えられている事実を指摘している。さらに彼はピエール・ベールの自由意志論と対決しており、スピノザの絶対的必然性とベールの任意的自由との中間の立場に立つと主張する。

わたしは行動の力の本質と運動法則について新しい発見をしてから、ここでは、スピノザが想定したと考えられるようには、絶対的幾何学的必然が問題ではないということ、またベール氏および現代の若干の哲学者たちが考えているような、純粋に任意的なものではなくて、それは前に指摘したように最適のものの選択、あるいはわたしが最善の原理と呼んでいるものと関連していることを提示した（Leibniz, Die Theodicee, übersetzt von A. Buchenau, Ph. B. S.26）。

その立場というのは、彼がデカルトともベールとも異なる行動について発見した「仮定的必然性」であって、「自由意志を含む必然性」の原理に立つものである。この種の自由の本性はライプニッツの予定調和説によれば人間の精神のうちに発現するのに先立って純粋可能態として与えられ、自由に行動するよう決定されている。したがって知性が捉える「有力な根拠がいつも意志を選択へ向けているが、この根拠は強いることなく傾けさすということで自由を保つには十分である。これが古代のすべての哲学者の、プラトンの、アリストテレスの、また聖アウグスティヌスの見解でもある。意志はすべてに優越する善の表象による以外には行動へ向けられることは決してない。このことは神にも善天使にも至福な魂にも妥当する。とはいえ彼らはなお自由なのである」(Leibniz, op. cit., S.125)。

知性はこのように善という有力な根拠をとらえ、意志も強制されていないゆえに自由ではあるが、「永遠の理念のもとに照らし出された被造物の根源的不完全性」のゆえに、形相的には完全性を欠いており、実質的には自由意志に、悪の原因が求められると説かれた。神と人との関係には永遠者と被造物との絶対的差異がこのように存在する。それゆえ自由なるがゆえに悪への可能性も認められてはいても、ほかならぬ意志の自由のゆえに神との協働関係に入ることにより、神と人とは「君主と臣下、いやむしろ父と子の関係なのである」と言われる(ライプニッツ『理性に基づく自然及び恩恵の原理』一五節。なお同書一五—一八節から神の愛と恩恵に関する思想が叙述されている)。したがって有徳な人は神の意志に基づいて自己の意志を決定し、幸福をもたらす目的因として神に結びついている。ここに恩恵に基づく倫理が神律的な意志としてその特質を明らかにしている(「神律」については最終章を参照)。

しかし、ライプニッツが洞察した「恩恵に根ざした意志」という神律的な意志は、やがて啓蒙思想の隆盛とともにその姿を消していく。ドイツ啓蒙主義を代表するカントは倫理学の基礎を理性の自律に置くようになった。こうして近代の倫理学の成立とともにアウグスティヌスが説き、多くの人がそれに従ってきた伝統的な恩恵論は、ヨーロッパ思想史からその姿を消していく運命を宿していた。しかし、新しいペラギウス主義者カントは果たして人間の現実を真に捉えていたのであろうか。そこにはキルケゴールが洞察した「異教徒のペラギウス的な軽薄さ」が認められるのではなかろうか。

Ⅵ　啓蒙時代の人権思想と自由

近代市民社会の成立にいたるプロセスは、個人の主体的自覚に基づく職業倫理によって一六世紀以来生じてきている社会・経済生活の基本的変化によるものであり、この深層の変革運動が歴史の表面に幾多の革命を生み出したといえよう。近代社会の変化はその成立過程に生じている三大革命、すなわち、①イギリスの産業革命、②フランスの政治革命、③ドイツの哲学革命と連動しており、「平等」の権利要求に発する「人権」思想として現われている。それはこの時代に社会契約説として結実した。

社会契約説と自由

周知のように近代の資本主義は産業資本主義としてイギリスに初めて成立した。この産業革命は工業技術の革新に発し、従来の手工業から大規模な工場生産に移り、そのため社会の大きな変化を生むにいたった。なかでも工場の経営者と労働者とが雇用にさいし契約を取り交わし、旧来の身分的・家族的な拘束から解放されて、それぞれの自由意志によって社会関係を新たに創始することが始められた。今や人間関係が利益を目的として結合する関係に、つまり利益社会の関係に変化したのである。これこそ市民社会（civil society）にほかならない。その際、自然的な社会関係から、契約による人為的社会関係への変化は、この時期の社会思想家たちによって自然状態から社会状態への変化として把握された。この点に限定してホッブズ、ロック、ルソーの社会契約説を検討してみよう。

(1)　ホッブズの社会契約説

ホッブズ（Thomas Hobbes,1588-1678）はイギリス絶対主義の晩期（一六六〇年の王政復古）と市民革命の動乱の時代（一六四九年、クロムウェルのピューリタン革命）を過ごし、名誉革命（一六八八年）によって市民社会が確立される一〇年前に死去した。その主著『リヴァイアサン』は「一方ではあまりに大きな自由を主張し、他方ではあまりに多くの権威を主張する人々」との混乱および無秩序の間にあって「保護と服従の相互関係を明らかにする意図」により、革命のさなかの一六五一年に出版された。彼は人間が本来平等であるという前提から出発する。「自然は人間を心身の諸能力において平等につくった」。この「能力の平等」から目的達成にさいしての「希望の平等」が生じる。そこで、二人のものが同一のものを欲し、同時にそれを享受できないと、敵となり、相手を滅ぼすか屈服させようとする。こうして生じる相互不信から自己を守るためには、機先を制して相手を支配するしかない。このような人間の本性の競争・不信・自負によって戦争状態が生じている。「これによって明らかなことは、自分たちを畏怖させるような共通の権力がない間は、人間は戦争と呼ばれる状態、各人の各人に対する戦争状態にある」。これが彼の有名になった言葉、「万人の万人に対する戦争」また、「人間は人間に対し狼である」の意味である。

この戦争状態と考えられている自然状態は人間の自然権（つまり「各人が自分自身の自然すなわち生命を維持するために自分の力を自分の欲するように用いるように各人がもっている自由」）に由来するので、本能的な欲望である自然権を放棄し、平和について理性が示す戒律と諸条項に関して協定を結ぶように導かれる。理性が示すこの戒律は自然法であり、基本的な自然法は「各人は望みのあるかぎり、平和をかちとるように努力すべきである。それが不可能な場合には、戦争によるあらゆる援助と利益を求め、かつこれをもちいてもよい」であり、第二の自然法は「平和のために、また自己防衛のために必要であると考えられるかぎりにおいて、人は、他の人も同意するならば、万物に対するこの権利を放棄すべきである」という内容である。

一般的には自然権は自然法によって基礎づけられているのに、ホッブズの場合には両者は衝突している。第二の自然法はこの衝突を回避して、自然権の放棄によって、その権利を相互に譲渡しあう契約に基づいて平和な社会状態が獲得される、という内容となった。彼は契約について次のように言う。「戦争は人間生来の諸情念から必然的に引き起こされるものであり、実際、何か恐ろしい力が目に見えて存在し、人間がその力を畏れ、懲罰に対する恐怖から諸契約を履行し、自然法を遵守しないかぎり、避けられないものである」。したがって、自然法だけでは平和は達成されがたく、「剣を伴わない契約」は無意味である。この契約によって万人が一つの人格に結合され、コモンウェルスつまりキヴィタスという「地上の神」なる「リヴァイアサン」（大怪獣）が誕生する。この人格を担うものが主権者であり、それ以外はその国民である。

このような思想の背景には当時の混乱した世相が看取される。人間の利己主義が無政府状態にまで進むと、それからの救済には強大な主権の確立が不可欠になった。絶対主義的国家主義こそ絶対的な利己主義を克服するために要請されたのである。

（2） ロックの社会契約説

ロック（John Locke 1632-1704）は絶対君主制・ピューリタン革命・王政復古・名誉革命と政治的事件が連続して起こった時代に生き、「わたしはこの世に生を享けるや否や自分が嵐のなかにあることを知った」と述べているような激動の時代を経験した。名誉革命による立憲君主制の確立がイギリスの市民革命の総決算であったように、ロックの社会思想はイギリスでの近代市民社会を代表する思想上の総決算であった。彼はホイッグ党の中心人物シャフスベリー伯の秘書として活躍した。その著作『統治論二編』（一六九〇年）の第一編は王権神授説の主張者フィルマーの『族長論』（一六八〇年）の批判であり、第二編は有名な『市民政府論』で社会契約の理論が展開する。それはホッブズの自然状態を批判しながら社会契約説を確立し、その革命権の主張はアメリカの独立宣言によって実現されるほどの大きな影響力をもつにいたった。彼の思想を要約すると次のようになる。

政治権力は万人の天然自然の状態に対する理解から把握される。ホッブズに対立して自然状態は自由で平等、自然法が支配していた、と彼は説いた。「それは完全に自由な状態であって、そこでは自然法の範囲内で、自らの適当と信ずるところにしたがって、自分の行動を規律し、その財産と一身とを処置することができ、他人の許可も、他人の意志に依存することもいらないのである。それはまた、平等の状態でもある。……しかしながら、これは自由の状態ではあるけれども、放縦の状態ではない。……自然状態には、これを支配する一つの自然法があり、何人もそれに従わねばならぬ。この法たる理性は、それに聞こうとしさえすれば、すべての人類に、一切は平等かつ独立であるから、何人も他人の生命、健康、自由また財産を傷つけるべきではない、ということを教えるのである」（『市民政府論』鵜飼信成訳、岩波文庫、四、六節）。彼はこの自然状態と戦争状態とを混同すべきではないと言って、ホッブズを批判した。理性に従う共同生活こそ自然状態であり、私法はあっても人々を裁く「共通の上級者」たる公法はいまだなかった。

この自然状態で欠けていたものは、国家としての結合によって獲得されるようになった。欠けていたのは、①「公知の法」②「公知の公平な裁判官」③「法の執行権」である。「それゆえ、人々が国家として結合し、政府のもとに服する大きなまた主たる目的は、その所有の維持にある」。自分の所有といえるのは、自己の一身と自己の労働として付加した事物とである。「樫の木の下で拾った団栗《どんぐり》」も狩猟するという労働行為によって私有権を獲得する。生命・自由・財産権つまり所有権を確立するためには、私的に委ねられていた自然状態を止め、「一つの共同社会（community）に入り、一つの政治体をつくることを相互に同意する契約」が必要になる。この契約に際して自己の自然の権利をホッブズが説いたように全面的に放棄すべきではなく、あくまで自己の自由と所有とをよりよく維持するために契約するのである。

それゆえ、ホッブズが最善の国家形態とした絶対君主制は、ロックにとり市民社会と矛盾するものとなり、立憲君主制による「信託的権力」と「抵抗権」の主張が強調された。そこで国家の最高権としての立法権について次のように説かれた。

立法権は、ある特定の目的のために行動する信託的権力にすぎない。立法権がその与えられた信任に違背して行為したと人民が考える場合には、立法権を排除または変更し得る最高権が依然としてなお人民の手に残されているのである。何故ならある目的を達成するために信託された一切の権力は、その目的によって制限されており、もしその目的が無視され違反された場合にはいつでも、信任は必然的に剥奪されねばならず、この権力は再びこれを与えたものの手に戻され、その者はこれを新たに自己の安全無事のためにもっとも適当と信ずるものに与え得るわけである（前掲訳書、一四九節）。

一般的にいって国民の福祉である共通善が最高の法であり、これが暴力によって阻まれる場合には、国民には抵抗権があるとロックは説き、自己保存のため契約によって成立した社会を維持するという目的のためには、統治の解体もあり得ることが宣言された。そこには政治的な統治に対する市民社会の優位が明らかに主張された。また、このような社会思想の根底には「自己保存の神聖不可変な根本法」がはっきりと語られており、自己保存のために契約を結んで市民社会を組織し、この社会の自己保存のためには政治的統治形態の変革を認める「革命権」が主張された。近代的人間の主体性は所有権という経済的自由の確立に具体的に表明されており、ここにわたしたちはイギリス市民革命に基づく自由の主張を見ることができる。

(3)　ルソーの社会契約説

スイス生まれの啓蒙思想家ルソー（J.J.Rousseau 1712-78）の『社会契約論』（一七六二）はロックの社会契約の考えを受け継ぎ、それをいっそうラディカルに発展させ、ブルボン王朝の圧政下に苦しむフランスの地でフランス革命、とりわけジャコパン党の指導原理となったといわれる。ここでは彼の社会契約説をホッブズとロックとの説と比較し、その発展した特質のみを指摘しておきたい。

自然状態と社会状態との区別については巻頭の有名な一節にこう語られている。「人間は自由なものとして生まれた、しかもいたるところで鎖につながれている。自分が他人の主人であると思っているようなものも、実はその人々以上にドレイなのだ。どうしてこの変化が生じたのか。わたしは知らない。何がそれを正当なものとし得るか。わたしはこの問題は説き得ると信じる」。この言葉は『エミール』の巻頭言によく似ている。すなわち、「万物を創る者の手をはなれるとき、すべてはよいものであるが、人間の手に移るとすべてが悪くなる」。ルソーは人間の現在の性質のなかに根源的で自然的なものと人為的で不自然なものとを区別し、今は失われている自然状態の光のもとに現在の状態を批判的に考察した。自然状態はロックの場合と同じく自由と平等の状態であるが、『不平等起源論』の叙述を参照すると、それは自己愛とあわれみという自然感情をもって妨げあうことなく生活していた孤立人の世界であり、土地の囲い込みによって私有が始まり他人のための労働が必要になると、平和が失われ、知力と欲望が大きく作用して「不平等と貧困と奴隷制の時代」への移行が生じた。これが社会状態であり、これと自然状態とのくいちがいを正すために、つまり社会的人間の自然を回復するために、国家を構成している社会契約が考察の対象とされた。

『社会契約論』のなかでルソーは言う。「社会秩序はすべての他の権利の基礎となる神聖な権利である。しかしながら、この権利は自然から由来するものではない。それはだから約束に基づくものである」(『社会契約論』桑原・前川訳、岩波文庫、一五頁)。この「約束」こそ契約にほかならない。

自然状態がもはや維持できなくなったとき、生存の新しい仕方を各自の力を結集することによって創り出さねばならない。「各構成員の身体と財産とを、共同の力のすべてをあげて守り保護するような、結合の一形式を見いだすこと。そうしてそれによって各人が、すべてに人々と結びつきながら、しかも自分自身にしか服従せず、以前と同じように自由であること。これこそ根本的な問題であり、社会契約がそれに解決を与える」（前掲訳書、二九頁）。そこで社会の構成員はすべての権利を共同体の全体に渡し、公共の利益を求める全国民の総意たる「一般意志」（la volonté générale）の最高の指導の下に身を置き、それに服従する約束をしなければならない。この契約により市民は「自由であるように強制される」。つまり、「社会契約によって人間が失うもの、それは彼の自然的自由と、彼の気を引き、しかも彼が手に入れることのできる一切についての無制限の権利であり、人間が獲得するもの、それは市民的自由と、彼が持っている一切についての所有権である」（前掲訳書、三六頁）。一般意志は、私益を求める個人の意志の総和である全体意志ではなく、そのような総和から過大と過小とを差し引いたもので、国家の主権はこの意志の行使にあるとみなされた。この意志の絶対性とそれへの全面的服従の主張はホッブズの契約説に近いとはいえ、ホッブズが主権を絶対君主に求めたのに対し、ルソーは人民主権の絶対性を力説した。

人民は主権者であり、同時に臣民でもある。臣民という言葉と主権者という言葉とは盾の両面であって、この二つの言葉の概念は、市民という一語に合一するのである（前掲訳書、三一頁）。

そもそも国家というものは人為の所産に過ぎず、人の命はかぎりがあっても、国家の構成を最善に改革することによって、長寿を全うできる。しかも国家は廃止され得ないいかなる理由もないのであるから、人間の理想状態たる自然に向かって帰ることはできる。このようにルソーの革命権の主張はロックよりも遥かにラディカルなものとなった。しかも全体意志を否定して一般意志に主権を置いたことは、代議制を否定して直接民主性に移行していることを表わし、ロックには見られなかった革命的独裁の思想を明らかに読み取ることができる。「執行権をまかされた人々は、決して人民の主人ではなく、その公僕であること、人民は好きなときに、彼らを任命し、解任しうる」（前掲訳書、一四〇頁）との主張のなかにこの傾向はすでに明白である。

これまで三人の思想家を対象として考察してきたことから分かるように、社会契約説は人間の基本的権利である「人権」を「人民主権」として捉え、自然状態から「契約」行為によって社会状態を理性的に形成し、「平等」を社会のなかで実現しようとする。こうしてヨーロッパは革命の時代に突入していくことになる。

人権思想とフランス革命

　これから問題にするフランス革命に先立って、アメリカ革命が先行しており、独立戦争に続く一七七六年に合衆国の独立を宣言したことが甚大な影響を与えることになった。この独立が成立する以前にはアメリカとイギリスとの対決は最終的に武力衝突に突き進んでおり、この闘争を支えたトマス・ジェファソン（一七四三―一八二六年）が起草した「独立宣言」（一七七六年）に示されているように、ロックの自然権の思想が大きく影響した。だが、イギリスの思想家トマス・ペイン（一七三七―一八〇九年）が独立の前に発表した有名な『コモン・センス』でのイギリスの国家批判も大きく影響していた。なぜならイギリスからの独立こそが植民地人にとっての世俗的な利益となるというのが、コモン・センス（常識）を形成したからである。こうして今や王侯貴族を排除した議会政治による共和国が求められた。ペインは代議制と民主政によってそれが大規模な形で実現が可能であると説いた。

近代的な人権の特質

そこでわたしたちは近代市民憲法に見られる人権の特色について考えてみたい。この憲法の精神はアメリカ革命とフランス革命を通して実現されたものであり、その後の人権保障の体制の先駆として近代の市民憲法に登場してくる。まず人権の目的と権力の手段についてアメリカの独立宣言(一七七六年)は次のように明瞭に提示した。

われわれは、自明の真理として、すべての人は平等に造られ、造物主によって、一定の奪いがたい天賦の権利を付与され、そのなかに生命、自由および幸福の追求が含まれていることを信ずる。また、これらの権利を確保するために人類のあいだに政府が組織されたこと、そしてその正当な権力は被治者の同意に由来するものであることを信ずる(高木八尺他編『人権宣言集』岩波文庫、一一四頁)。

このような人権思想はすでに、デカルトに始まり、ジョン・ロックや、ルソーによって説かれていたものであった。アウグスティヌスの『神の国』の国家学説を研究したフィジスがかつて語ったように、「あなたがどんなに高くルソーを評価したとしても、彼がフランス革命を起こしたのではなかった。それは長い間活動してきていた力の結果であった。ルソーはマッチをすって、火薬庫に火を付けたかもしれない。だが、彼は火薬を造ったわけではない」（J. N. Figgis, The political Apects of St. Augustine's City of God, p.81.）。そこには他の多くの原因がそれに結合して初めて、歴史上重大な結果が生み出されたのである。

フランスの人権宣言

次にアメリカ革命によって大きな影響を受けた、フランスの人権宣言（一七八九年）を取り上げてみよう。そこには「あらゆる政治的結合の目的は、人間の自然的で時効によって消滅することのない権利を保全することである」（第二条）と述べられた。こうして人々は封建的な支配から自由となって人権の所有者となり、政治の目的がそれを保証するように仕向けた。したがって政府は、人権を維持し擁護するためにのみ認められており、その権力を行使することができるが、それを担当する者自身の利益のために権力を行使することはできない。

その際、人権の不可侵性が人間が生まれながらもっている権利、つまり自然権として認められた。それゆえ、いかなる権力といえどもこれを侵すことができないという不可侵性が強調された。このことをアメリカの独立宣言は「造物主によって一定の不可譲の天賦の権利」と表現し、フランスの人権宣言は「所有権は、一つの神聖で不可侵の権利である」（第一七条）と主張した（高木八尺他編、前掲訳書、一三三頁）。もちろん他の国民も不可侵の人権をもっているから、人権の名においても、他人の人権を侵害することはできない。したがって不可侵の人権にも、それに伴われる制約がある。それゆえ、フランス人権宣言第四条は「自由は、他人を害しないすべてをなし得ることに存する。その結果各人の自然権の行使は、社会の他の構成員にこれら同種の権利の享受を確保すること以外の限界をもたない。これらの限界は、法律によってのみ、規定することができる」（前掲訳書、一三一頁）と説いた。

このような人権宣言の淵源と精神的背景を、ハイデルベルク大学教授ゲオルク・イェリネックの『人権宣言論』（一八九五年）は宗教改革に求めた。彼は次のように説く。

個人の持つ、譲り渡すことのできない、生来の神聖な諸権利を法律によって確定せんとする観念は、その淵源からして、政治的なものではなく、宗教的なものである。従来、革命の成せるわざであると考えられていたものは、実は、宗教改革とその闘いの結果なのである。宗教改革の最初の使徒はラ・ファイエットではなくロジャー・ウィリアムズである。彼は力強く、また深い宗教的熱情に駆られて、信仰の自由に基づく国家を建設せんと荒野に移り住むのであり、今日もなおアメリカ人は深甚なる畏敬の念を持ってその名を呼んでいる（初宿正典編訳『人権宣言論争』みすず書房、一九九五年、九九頁）。

イェリネックのこの書は、フランスのブトミーとの間に論争を巻き起こしたが、この著書によってアメリカでのピューリタン時代の人権論者ロジャー・ウィリアムズの存在が人権思想に対し重要な意味を担っていたことが知られる。このような人権思想の背景にある「人間の尊厳」と宗教的な人間観との関連は多くの人によって指摘されている（杉原泰雄『人権の歴史』岩波書店、一九九二年、三二頁。久保田奉天『ロジャー・ウィリアムズ――ニューイングランドの政教分離と異文化共存』彩流社、一九九八年参照）。

カントの自由論

ライプニッツの自由意志学説は意志が自律的でありながらも神の意志によって支えられており、全体として神律的性格をもっていた。ところが啓蒙思想も次第に成熟し、レッシングやルソーを経てカントにいたると、意志の自律はいっそう進み、近代的自由思想はその完成された姿を整えてくる。もちろん初期のカントには神学的枠組が残されていたが、完成期の著作にはそれも原則的に消滅し、神学からの哲学の解放というオッカムからはじまった自由意志学説の発展はその最終段階に達し、自由意志はいまや完全な自己実現に達する。この完成した姿の特質を『人倫の形而上学の基礎づけ』(Grundlegung zur Metaphysik der Sitten,1785)によって指摘してみたい。

(1) 自律思想の確立

カントでは道徳の原理が他律を退け自律に徹することによって確立される。まず「意志はある法則の表象に従って自己を行為へ決定する能力と考えられる」(『人倫の形而上学の基礎づけ』野田又夫訳、世界の名著、二七八頁)とあるように、意志は自己決定の能力である。しかし、意志は「自己自身の立法しかも普遍的な立法に服していること、人間が自分自身の、しかも自然の目的からいえば普遍的な、立法意志に従って、行為するよう義務づけられているのみである」(前掲訳書、二七二頁)。そこから「意志の自律とは、意志が(意志作用の対象のあらゆる性質から独立に)かれ自身に対して法則となるという、意志のあり方のことである」と規定された。そしてこれ以外の意志のあり方はすべて他律とみなされた。

（2）　自由と自然必然性の区別

彼によると自由と自然必然性とは妥当する領域を異にする。意志は原因性の一種であり、この原因性が外的原因から独立しているときは自由と呼ばれ、外的原因の力の下に立つとき他律となり、自然必然性となる。こうして自由は外的原因と自然必然性からの自由という消極的概念であるだけでなく、自己原因としての意志のあり方、つまり自律から積極的概念として規定されるようになった。だから「自然必然性は作用原因の他律であった。……意志の自由というものは、自律すなわち自己自身に対する法則であるという意志の特質以外の何ものでありえようか」（前掲訳書、二九二頁）と説かれた。こうして自然必然性の支配する経験的領域と自由の支配する内面的領域とが区別され、外的世界から内的世界への沈潜と逃避によって自由意志は自律としての完全な実現を見るにいたった。

（3）　自律の根拠

それでは自律の根拠はどこに見いだされるのであろうか。カントによると外的原因から全く自由なものは人間のうちにある理性の能力である。悟性が感性的表象を判断により結合する働きであるのに対し、理性はそのような表象からも自由であり、理念の下で純粋な自発的活動をなし、感性界と知性界を区別し、知性界に属するものとして「人間は、彼みずからの意志の原因性を、自由の理念のもとにおいてしか考えない」（前掲訳書、二九九頁）。そして自然法則が感性界の根底にあるように、道徳法則は理念において理性的存在者の行為の根底に認められる、とカントは説いた。こうして彼は理性の純粋な自発性のうちに自律の根拠をとらえた。

しかし、このような理性の把握の仕方は、彼の超越論的方法から生じてきているものであって、近代的主観性の究極の姿を露呈するといえよう。しかもこの主観性は意識一般という超越論的な主観性を意味し、すべての人に普遍的に妥当しており、知性界は意志に法則を与えているため、道徳法則は同時に感性界にも所属するわたしたちには定言的命法、つまり義務としてのぞんでくる。

（4）理性的自律は実は理律である

こうしてカントにおいて自由意志はいっさいの他律を排して自律に徹する「理性的自律」として完成を見た。ここに自主独立の近代的市民のエートスとその哲学的表現を見いだすことができる。だが、ここには理性によって立つ近代的人間の自我意識が明瞭に反映しており、単なる自律よりも、理性によって立つ「理律」という性格が認められる。

（5）根本悪の主張

もちろん彼は人間が現実には理性のみならず感性によって大きな影響を受け、人間の現実の意志が転倒している事実を認め、『単なる理性の限界内での宗教』でこれを「根本悪」（das radikale Böse）として説き、キリスト教の原罪の教えに同意するようになった。

根本悪とは道徳法則を行動の動機とするか、それとも感性的衝動を動機とするかを意志が選択する際、どちらを他の制約にするかという従属関係によって意志は善とも悪ともなりうるが、正しい従属関係に立つ道徳秩序を転倒することによって、悪は自然的性癖となり、人間の本性にまで深く根付いている事実をいう。

この根本悪の主張はゲーテのような啓蒙主義を越えた人々にさえ、カントは哲学のマントをけがしたと嫌悪されたものであったが、ここにルターの「自己自身へ歪曲した心」という原罪の理解への共感が見いだされる。カントは言う「しかし、こんなに歪曲した材木から完全に真っ直ぐなものが造られるとどうして期待しえようか」（Kant, Die Religion innerhalb der Grenzen der blosser Vernunft, B.108）と。こうしてカントの理性的自律の主張は根底から動揺してくるが、人間の本質的理解によって自律の主張が先行しているからこそ根本悪も説かれることが可能となったといえよう。

カントは理性的自律を確立するに当たって神学から独立し、人間自身に即して自由を考察した。こうしてカントは、ライプニッツにいたるまで神学を前提とし、また少なくとも神学を含めて哲学を確立し、意志学説の上でも神律的に自由意志を把握しようとしてきたヨーロッパの伝統から訣別したといえよう。

しかし、このことは果たして実際に成功したのであろうか。確かにライプニッツに見られたような中世以来の自由意志に関する歴史的知識がカントには欠如している。だが、彼の自律の思想が近代の初頭における自由の問題と内容上全く無関係であり得るであろうか。そこでカントとルターの関係をここに問題としてみよう

カントとルター

カントによると合法性から区別された道徳性は道徳法則の遵守に基づいており、道徳法則から自由の問題が探求された。このことは律法に対する服従から出発するルター的思考とその歩みが同じである。それればかりでなく『実践理性批判』の結語にみられる「わたしの内なる道徳法則」に対する感嘆と崇敬の感情は、その法則の仮借なき厳格さと共にプロテスタント的性格を継承

しており、道徳法則の意識はすべての人に見られる所与の事実と考えられた。この法則の内容が「実践理性の事実」として示されているところでは、それは自然法および十戒と同じ内容のものである。

このように義務と責任に立つ出発点はルターと共通していても、ルターの良心宗教が罪から救済への道を探求して歩むのに対し、カントは神聖な道徳法則の要求のもとに立ちとどまっている。彼は言う、「人間は自由の自律のゆえに神聖な道徳法則の主体である」（『実践理性批判』波多野・宮本訳、岩波文庫、一二八頁）と。またこの道徳法則が神聖でなければならないというのは、この法則が人間の本性からも社会的必要からも導きだされないで、神的性格のゆえに宗教的尊崇の対象にまで高められていることから生まれた。

ところがルターの場合には、人が律法を実現できないことから、神と人との分裂を良心で感得しているのに対し、カントでは内的人間が理念的人間と現象的人間に分裂し、前者が後者を良心の「内的法廷」で裁くことが説かれた。こうして道徳法則に従う理念的人間は尊厳をもち目的自体であって、「彼の人格に存する人間性は彼にとって神聖でなければならない」と説かれた。このような人間性は近代ヒューマニズムの精神を端的に示すことから、わたしたちは、カントの理性的な自律の思想がルターの良心宗教と近代のヒューマニズムの信仰との総合として成立していることを理解することができよう（E. Franz, Deutsche Klassik und Reformation, 1937, S.243 参照）。

このような総合のゆえに近代的自由は、カントの理性的自律によってその完成した姿が示されたが、そこには近代的自由の源流にあった神律的性格がなお形だけはとどめていると考えられる。それでもこの神律の契機は次第に稀薄となりやがて消滅して行くのがその後の近代精神史の歩みなのである。

もちろん、この神律への復帰も叫ばれていた。たとえばカントの宗教論から出発したヘーゲルは、自由と必然という第三アンチノミーを弁証法的に統一しようとし、とくに歴史哲学において神律的次元の復興を次の章で解明するような試みとして説いていた。そこには同時に自由は単に内面的な理念にとどまらず、歴史を通して国家という形態で政治的に実現すべきものと考えられた。こうして自由は啓蒙の段階から革命の時代に入っていくのである。またシェリングも自由の形而上学的根底を神律的なものとして捉えようとしたが、他方ではキルケゴールがヘーゲルの自由の理念の現実化を批判し、実存の自由を追求していき、宗教改革的神律に復帰すべきことを力説した（詳しくは金子晴勇『人間と歴史』第七章と第八章、一八二—二二九頁を参照）。だが、今日、神律的次元を欠いた世俗化した自由が圧倒的な支配を確立し、「感性を欠いた享楽人、精神なき専門人」（ウェーバー）のようなカオスを自ら生みだしているといえよう。その際、自由に対する正しい理解を求めて近代自由思想の源流にまでさかのぼることはわたしたちにとってもっとも重要な反省の課題である。

Ⅶ　ヘーゲルと政治的自由

　これまで近代社会の形成過程にあらわれた自由の思想を啓蒙時代の哲学者カントにいたるまで検討してきたが、いまだ近代市民社会と国家との区別は明瞭には意識されていなかった。近代の市民社会が産業資本主義として完成し、それまでの自然的・本性的な共同社会と対立して捉えられるようになるのは、ヘーゲルに始まるといえよう。こうして資本主義以前の共同社会と対比して市民社会は「利益社会」としての特徴が与えられるようになり、市民社会が「近代社会」と呼ばれたのに対して、それ以前の社会は「伝統社会」と称せられ、近代社会と並んで、ときにはその背後に隠れながらも、今日にいたるまで存続している。それゆえ、古代社会以来、否、それ以前からすでに存在していた地縁的・血縁的な共同社会は氏族や部族さらに民族として拡大し、国家として組織され、小都市の規模から時に大帝国にまで膨張しながら発展してきたのである。このように共同体の規模が拡張されるに応じてその権力は増大していった反面、村や小都市に見られる強い拘束力がゆるんで行き、個人は相対的に自由を獲得していった。中世の封建社会では個人の意識および自由の意識は次第に成長し、一四世紀の後半から一六世紀に入る頃には個人の自覚は強まるようになった（C・モリス『個人の発見』古田暁訳、日本キリスト教団出版局、参照）。そして人々は近代人に特有な主観性に基づいて個人主義と合理主義とを徹底的に追求した結果、個人が社会に先行し、個人の社会契約の行為によって社会状態が造り出されると考え、人間の力によって新しい社会を形成しようと試みた。こうして今や理性による啓蒙の時代から政治的な革命の時代に人々は突入していき、ついにアメリカ革命やフランス革命が勃発するのである。

ヘーゲルの『精神現象学』における自由

ヘーゲルの『精神現象学』について語る前に、彼はカントの二元論（現象と物自体、感性界と可想界、理論理性と実践理性）を批判し、それを一元化する統一的思想をめざしたことを指摘しなければならない。しかし、ここでは彼によって批判されたカントの道徳哲学の問題点だけを問題にしたい。カントの道徳哲学の何を彼が批判しようとしたのかを通して彼の思考の根本的性格をあげてみたい。

カントは倫理学で動機の純粋性を説く心情倫理学に立っていたが、義務のゆえに義務を負うといっても義務の間にも対立と抗争があり、実際には義務は多元的である。個人的義務の意識や主観的自由のみならず、社会での義務間の葛藤とその現実のなかに実現している自由、つまり政治の領域での自由を問題にしなければならない。こうしてカントの義務論的倫理学からヘーゲルは人倫的社会倫理学へと、したがって思想的な理念としての自由から具体的で政治的な自由思想を発展させた。

啓蒙時代の特徴は合理主義であり、この基底に自律としての自由が存在することがカントによってこれまで解明されてきた。だがそのような自由は当為の基礎にある内面的なる理念であったが、カントからヘーゲルにいたると、フランス革命による現実的政治的自由が前面に現われてくる。つまり、自由はカントのように頭の中で考えられた理念ではなく、国家という形で現に実現している自由として問題となった。加うるに当時成立してきた歴史学の影響を受けて、ヘーゲルにおいては歴史的思惟が哲学の中心にまで定着してきた。彼自身すぐれた歴史家であり、歴史に深く沈潜して生ける精神を動的に把握することによって弁証法が確立された。弁証法は生ける現実の動きを捉える思惟であり、ヘーゲルの観念的体系に優ってこの思惟そのものをわたしたちは彼から学ばねばならない。

ヘーゲルは彼の主著『精神現象学』でシェリングの哲学に対する批判をも含めた彼の哲学を展開した。真の絶対者は初めから有限者を自己の契機として含み、みずから有限者として変化しながら動的に発展する。このような絶対者の「弁証法的運動」、それが「真理」であり「全体」であるが、この全体としての真理を把握するのが「学問」である。そして非学問的意識を学問にまで導くことがこの著作のテーマである。それゆえ「意識の経験の学」ともいわれ、「自然的対象的意識」が、「感覚的確信」「知覚」「悟性」を経て、「自己意識」にいたり、さらに「理性」「精神」「宗教」という段階を通って、「絶対知」にいたるにおよんで、哲学的精神の最高段階にまで達する意識の発展的過程が叙述された。意識はこのような発展的過程の各段階ですべての事物のなかにただ自己自身を再び見いだすという「経験」をなし、ついに絶対知において一切の対象を純粋な洞察へと止揚し、まさにそれによって自己自身を「精神」として完全に知るにいたる。ここに意識はあらゆる知識を自己自身から展開することができると説かれた。

この著作のなかでは理性を行動的に把握する思想が芽生えており、それは「精神とは我々なる我であり、我なる我々である」という言葉で端的に表明された。ヘーゲルは自我の本質を相互的承認の関係のなかにある社会的人倫的自己として把握する。この精神は著しく行為的、実践的性格を帯びてきた。カントは自己意識、つまり「我思う」が対象意識に伴うと考えているが、ヘーゲルになると対象意識から自己意識へと精神は弁証法的に発展し、この自己意識は他の自己意識と相対することによって精神としての自覚に発展する。『精神現象学』の自己意識を論じたところで彼は次のように言う。

こうして「我々」に対してはすでに精神（Geist）の概念が現存している。今後意識が認めるにいたるところのものは、精神がなんであるかについての経験にほかならない。すなわち、相対立する両項の、各自別々に存在し、相違する自己意識のまったき自由と豊かさとをそなえた両項の統一であるところの精神という絶対的実体が、換言すれば、我々なる我であり、我なる我々であるところの精神がなんであるかについての経験なのである（『精神の現象学』金子武蔵訳、一八二頁）。

この相互承認によって精神は互いに独立し自由でありながら、全く一つの統合体を具体的に形成していく。これが社会的で人倫的な自己の姿である。こうして精神はあらゆる現実の中に入っていって、他在を介して自己に帰還する運動を起こす主体となる。だがそれも現実の中で出会ういっそう普遍的なものによって否定され、前進的な自己変革の原理となるが、自己のうちに復帰することを通して、全体としての真理の完結性を目ざす。前者によって前進的革命思想が、後者により保守的回顧的性格が示されているといえよう。

ところがここに展開する意識の経験は、主体の自己意識が強くなりすぎると、他の自己意識を奴隷として行使する主人のように振る舞うことになる。だが現実には主人はその生活で奴隷に依存することで成り立っていることを認識すると、主人が没落し、奴隷が主人となる逆転が生じる。ここに主人と奴隷の弁証法が確立し、意識の発展から歴史の革命が起こってくる（詳しくはマルクーゼ『理性と革命』桝田・中島・向来訳、岩波書店、一二四―三四頁を参照）。

こうした経験を経て意識は自己を精神として自覚し、揺るぎない絶対知に到達する。これがヘーゲルの『論理学』の世界であり、「論理の学」は自然および有限的精神の創造以前の神の叙述とされ、神の自己外化としての『自然哲学』とこれから復帰する運動としての『精神哲学』の叙述をもって、彼の体系は完結する。

弁証法とは何か

ドイツ観念論で「哲学すること」が行なわれたのは主として弁証法の形式によってである。

「弁証法」（Dialektik）という概念はカントでは「仮象の論理」として論理上の「誤謬推理」であって「弁証論」と訳された。ところがヘーゲルでは「弁証法」は本来思弁的思惟として対象を、それにかかわる関連のすべてと合わせて、つねに考察する。ある事がらの諸関連とは、それに対し、単に「外的」にかかわるようなものではない。というわけはヘーゲルがいうように「実体はまた同じく主体として」把握されるべきであるから。すなわちすべて関連とは何かに「自己が関係する」ことなのである。したがってある事がらを特定の概念でもって規定しても、わたしたちがそれに関係し、反省を加えると、そのような概念規定は一面的で、抽象的であることが明らかになる。こうして概念はそれ自身を超えて先に向かう。それは事がらのもつ真理はその「全体」にあって、全体が所有する諸規定と諸関連との全系列を通過することによってのみ、わたしたちに全体は知られるからである。

ここから弁証法的思惟は三段階のリズムをとって運動することが明らかになる。第一の段階は「即自的」（an sich）で、直接的肯定の段階であり、第二の段階は「対自的」（für sich）で、反省による否定の段階であり、第三の段階は「即且対自的」（an und für sich）であり、否定の否定として第一と第二の段階を総合統一し、より高次の意味での肯定の段階である。このようなヘーゲルの弁証法は歴史の考察で最も明瞭になる。

「絶対者」は歴史のうちに現われるから、歴史は絶対者がその本質をしだいに明瞭にする過程にほかならない。それゆえ真理は、たえず変化する歴史的状況の形態において、現実的であり、この状況のおのおのは、ある限定された仕方で、真理である。まさにこのことが、あらゆる立場は、勝利をおさめたとき、一面的なものとして自らを証明するという、進行する歴史の弁証法的過程を形成する。この歴史の弁証法的過程において真理は同時に克服され、かつ保有される。すなわち真理は後の局面において「止揚」される。

このように歴史が弁証法的過程として把握されたのは、ヘーゲルが無制約的絶対者を有限的な制約されたものと対立するとはみなさないからである。もし対立しているとすれば、その対立のゆえに、絶対者は制約された者になるであろう。そうではなく絶対者は有限性にまでくだり、有限的なるものを、自己の有限性において経験し、こうして同時に、自己を克服する限り、ただその限り絶対者は存在する。ここに絶対者と有限なるものとの媒介が成立する。このようなヘーゲルの思想はキリスト教の三位一体の教義に基づいていることは容易に理解されるのである。

ヘーゲル『法の哲学』の共同体論

これまで人々は地縁的で血縁的な共同社会の中で生活してきたが、大規模の工場生産が行なわれるようになると、家族が一緒に畑にでて働いていたそれまでの生活から離れて、農村から大都市に移って資本家と契約を結んで賃金労働の生活に入っていった。ここにこれまでの家族や村落また国家と本質的に相違した近代市民社会が成立したのである。ここから生じた伝統社会と近代社会との区別に立ってヘーゲルは、共同体を家族・市民社会・国家の三形態に分けて詳論する。そこで先ずヘーゲルの共同体に関する基本的な理論を要約して示しておきたい。

ヘーゲルの社会思想の全体像は『法の哲学』において体系的に示される。彼にとって人間精神の本質は自由であり、精神はその行為によって自己を実現する。つまり精神は自己を世界に向けて外化し、客体化して自由を実現するのである。この書物の序論で言われているように「理性的なものは現実的であり、現実的なものは理性的である」。理性的なものと現実的なものとの間にあるのは、行為的な理性たる精神による「生成」であり、精神は歴史のなかで生成しながら自己の本質たる自由を実現するのである。こうして実現された自由は具体的には「法」として現われており、この法という客観的な形のなかで主観的な精神は自己を発展させて、客観的精神となる。

この法の第一の形態は抽象法であり、客観的に立てられた法律ではあるが、なお直接的なものので、個と普遍との総合は物件と所有との関係に求められる。第二の形態は道徳性であり、ここでは法が主観の内に内面化され、カントの法則倫理学がこれに当たる。第三の形態は人倫であり、第一の客観性と第二の主観性との統一として具体的普遍の段階である。この人倫的共同体は、（1）家族の場合、普遍性が主であり、個別性は従となっている。だが、（2）市民社会の場合は逆に個別性が主となっていて、個のあり方から善が成立している。ところが、（3）国家の場合には（1）と（2）の総合が成り立ち、真の共同体が形成されている。

市民社会は個人の意志の法的普遍化によって生産が向上するが、富が少数者に集中することによって賤民を生み出し、過剰生産に陥り、「それ自身の弁証法に駆り立てられて」植民地への進出に向かわせられる（『法の哲学』赤松他訳、世界の名著、四七一頁）。市民社会のなかでのばらばらな個人を相互扶助によって結合するのは、労働組織による組合「職業団体」であり、これによって市民社会の分裂態が止揚されて、家族とともに国家にまで進展する。

国家は倫理的理念が現実化したものであり、市民社会のように個人の利益によって形成されるものではない。反対に個人は国家の一員として初めてその倫理性と真理性とをえる。個々の主体性を認めた上で、同時に普遍性を求めていき、対立を含む合一に達したのが国家の形態である。その意味で国家は「即自かつ対自的に理性的なものである」つまり絶対的に理性的であり、「絶対不動の自己目的」であって、「自由の現実態」といわれる。このような国家の理念は国内法・国際公法・世界史という三段階をとって展開する（ヘーゲルは共同体をその構造契機である「普遍・特殊・具体的普遍」、または「実体・主観・客観」の展開相に基づいて家族・市民社会・国家という三段階の発展のプロセスから弁証法的に捉えた）。次に国家共同体の歴史的展開相に基づく歴史の弁証法を考察してみよう。

自由の歴史と弁証法

ヘーゲルの弁証法は歴史の考察で最も明瞭になる。なかでも国家理念の世界史における弁証法的展開は『歴史哲学』のなかで詳論される。ヘーゲルはキリスト教の歴史観「神の摂理が歴史を支配している」という命題を哲学に翻訳し、「理性が世界の支配者である」とみなし、「世界史は理性的に行なわれてきたのであって、世界史は世界精神の理性的で必然的な行程であった」また「世界史は自由の意識の進歩を意味する」といった歴史哲学の根本思想を説き明かした（ヘーゲル『歴史哲学（上）』武市健人訳、岩波文庫、六五、六九、七九頁）。この自由の意識は世界史では三段階の発展をとり、国家形態もそれにしたがって弁証法的な展開をなしていると彼は主張した。すなわち、（1）一人の君主のみが自由であって、他のすべてはその奴隷にすぎない、東洋的専制政治から始まり、（2）少数の者が自由であり、他はみな奴隷であったギリシア・ローマの少数政治を経て、（3）すべての者が「人間が人間として自由である」という意識に達したキリスト教的ゲルマンの立憲政治にまで弁証法的に発展した。この思想は大変有名であるから次にその全文を引用しておきたい。

東洋人は、精神そのもの、あるいは、人間そのものが、それ自体で自由であることを知らない。自由であることを知らないから、自由ではないのです。かれらは、ひとりが自由であることを知るだけです。が、ひとりだけの自由とは、恣意と激情と愚鈍な情熱にほかならず、ときに、おとなしくおだやかな情熱であることもあるが、それも気質の気まぐれか悪意にすぎません。だから、このひとりは専制君主であるほかなく、自由な人間ではありません。——ギリシャ人においてはじめて自由の意識が登場してくるので、だから、ギリシャ人は自由です。しかし、かれらは、ローマ人と同様、特定の人間が自由であることを知っていただけで、人間そのものが自由であることは知らなかった。プラトンやアリストテレスでさえ、知らなかった。だから、ギリシャ人は奴隷を所有し、奴隷によって美しい自由な生活と生存を保証されていたし、自由そのものも、偶然の、はかない、局部的な花にすぎず、同時に、人間的なものをきびしい隷属状態におくものでもあったのです。——ゲルマン国家のうけいれたキリスト教においてはじめて、人間そのものが自由であり、精神の自由こそが人間のもっとも固有の本性をなすことが意識されました。この意識は、まずはじめに、精神のもっとも内面的な領域である宗教のうちにあらわれましたが、この原理を世俗の世界にもうちたてることがさらなる課題であって、その解決と実行には、困難な長い文化的労苦が必要とされました（ヘーゲル『歴史哲学講義』（上）長谷川宏訳、岩波文庫、三九—四〇頁）。

このような歴史の弁証法的発展で最大の問題点となったのは「理性の策略」（List der Vernunft）という思想である。ここではこの点のみを考えてみたい。理性の策略というのは普遍的な自由の理念は個人の情熱の特殊的な関心とは不可分であり、「世界史的な偉業は情熱なしには実現しなかった」ことをヘーゲルは力説する。こうして特殊的なものが互いに闘争に巻き込まれて危険に曝されているのに、普遍的な理念はその背後に控えており、自己を巧に実現している。この事態が「理性の策略」と言われる。すなわち「一般理念が情熱の活動を拱手傍観し、一般理念の実現に寄与するものが損害を受けても平然としているさまは、理性の策略とよぶにふさわしい」（前掲訳書、六三頁）。こうしてヘーゲルは歴史を民族の幸福・国家の知恵・個人の徳がことごとく犠牲に供せられる「屠殺台」であると語ったが、彼は理念の実現が同時に人間の疎外でもあることを知っていた。このように彼は歴史の内実を巧に語ったが、彼の批判者からは歴史の現実に見られる不幸・悲惨・戦争、したがって人間疎外の事実を彼は言い逃れていると批判された。たとえばマルクスはこの点を批判し、人間疎外の現実を「疎外された労働」の経済学的分析から徹底的に追求し、新しい共同体の理解に向かった。

ヘーゲルの思想にはこのように歴史を通してキリスト教と哲学との総合が意図され、歴史の発展過程から弁証法に把握されたのは、先に述べたように、ヘーゲルが無制約的絶対者を有限的な制約されたものと対立しているとはみなさないからである。彼によると絶対者は有限のものと対立しているどころか、有限性の下にまでくだり、それを経験し、同時に自己を克服する限り、絶対者は人間にとって存在する。このようなヘーゲルの思想はキリスト教の受肉と三位一体の教義に基づいているといえよう。ここにはヘーゲルによる哲学とキリスト教との文化総合が企図されたと言えよう。

Ⅷ　解体の時代の自由論

次に、わたしたちは近代的人間像が崩壊していくプロセスから現代的人間の特徴を捉えてみたい。ここに提示される問題に促されて現代の自由論が誕生する。ヘーゲルの思想体系は歴史的にはフランス革命の自由の精神と新しい歴史学の影響を受け、弁証法の方法によって確立された巨大な試みであった。とりわけ世界史の弁証法的発展を説く晩年の思想はもはや人間から出発するのではなく、むしろ人間は世界理性の自己実現のための道具とみなされた。またここに「理性の策略」があるとも説かれた。彼は弁証法的に発展する歴史、時間的に予見される直線的な時間のなかに人間の新しい世界住居を建てようとした。しかし、理性の策略という考えは人間が理性に翻弄されているロボットにすぎないことを語り、そのため疎外の現実の言い逃れとなった。こうして古代から人間の安住の地であった宇宙（コスモス）はコペルニクスの無限空間により突破されたが、精神が自己実現できる歴史の歩みにはもはや安住の地がえられないことが判明する。

解体の時代とは何か

このように住居を喪失した疎外された現実をマルクスは社会的例外者であるプロレタリアートの中に、キルケゴールは例外者的実存である単独者の中に見いだし、ヘーゲルの思想体系を徹底的に解体する。ここから「解体の時代」が始まる（キルケゴール『わが著作活動の視点』、田淵義三郎訳、「キルケゴール選集」第八巻、創元社、一九六五四年、一四六頁）。この「解体の時代」には主として次の三つの方向が見られる。すなわち①フォイエルバッハによる人間学的解体、②マルクスによる弁証法的唯物論への解体、③キルケゴールによる実存への解体である。

このようなヘーゲル哲学の解体の歩みについてはここで詳しく論じることができない。だがこの三者の展開のなかに人間としての自由の問題の解決を今日でも求める人があるかも知れない。しかし、フォイエルバッハの人間学がどんなにわたしたちを惹きつけようとも、そこにある人間は単なる感性的な人間に過ぎない。またマルクスが説く共産主義にしてもその歴史的実現の可能性が全く崩壊してしまった現代ではいかなる復興を試みても、その実現を疑問視しない人はいない。またキルケゴールによる実存への解体の試みは第一次世界大戦後に実存主義の流行をもたらしたが、一時的な流行現象に過ぎなかった。

　こうして従来の伝統的なヨーロッパの価値観はことごとく崩壊し、個人の自覚によって起こってきた近代的な人間像はすべて否定され、ついにニヒリズムの時代が招来してしまった。そこには近代人が探求した自由で独立した個人が個人主義から個我主義に変質したことを見逃すわけにはいかない。

個人主義から個我主義へ

　二〇世紀は実存主義の次に来る時代である。この意味は実存主義が生命を失ったというのではなく、その新しい展開をはじめてゆくべき時に来たということである。実存思想の出発はキルケゴールからであって、二〇世紀の自由の問題をキルケゴールの受容の仕方に焦点をあわせて、考えてみたい。もちろんわたしがこれを扱う以上、ヨーロッパ精神史の文脈のなかで解釈することに当然なるであろう。

　キルケゴールの「単独者」の思想は近代の主体性の哲学が達した極致であるといえよう。これと並ぶもう一つの極致はマックス・シュティルナーの「唯一者」の思想であろう。この両者は共にヘーゲルの概念によって把握される「一般者」に対決して自己を確立しようとした。彼らは個別者の自由を求めている点で一致していても、その到達した帰結はまったく相違していた。つまりキルケゴールの単独者が愛の殉教者になるのに対し、唯一者はエゴイストにしてニヒリストに終焉する。

これを見てもわかるようにキルケゴールの「単独者」の思想は、彼の実存思想の一面を強調して主張されたとしても、彼が追求した目的は決して単独者自体ではなかった。この点は彼が『わが著作活動の視点』に覚書として加えられた文書に明瞭である。彼は言う、「単独者とは宗教的見地からいえば、時間・歴史・人類がそれを通過すべきカテゴリーである」と。したがって単独者は自己存在にいたる一つの通過点であった。彼は当時の精神的状況からみて、大衆人としての世俗的な生き方と訣別し、一人ひとりの単独者になることを強調せざるを得なかった。というのはキルケゴールの前には、彼が「公衆」と呼んだ「大衆」が実存を阻むものとして立ちはだかっていたからである。この「大衆」という言葉は実存哲学の伝統では「実存を欠いた現存在」（ヤスパース）とか「俗人」（ハイデガー）とか言われるような実存の自由を妨害する意味で用いられた。これはオルテガの名著『大衆の反逆』以来用いられている「暴徒」としての大衆の意味と同じである。キルケゴール自身も『現代の批判』のなかで「公衆」を人間的な個性を喪失させる

「水平化」現象の張本人とみて、次のように言う、「公衆はなにかある奇怪なもの、すべての人であってなんぴとでもない抽象的な荒野であり真空帯なのだ」（『現代の批判』桝田啓三郎訳、岩波文庫、七八頁）と。

しかし、このような大衆の理解はあまりにも偏ったものであるといえよう。大衆は元来は民主主義の担い手であり、社会の真の基礎なのである。それは民衆として幾世紀にもわたって歴史を支えてきた主体なのであった。

したがってキルケゴールは、宗教的信仰の立場から大衆を積極的にとらえ直そうとした。つまり神の前における実存はすべての人に平等であるという普遍性をもっており、一般的な目立たない形で実存にいたることをめざした。ここに単独者はひるがえって大衆に奉仕する愛の人として立ち現われてくる。これに対し、シュティルナーの説く「唯一者」は本質的にエゴイストであり、すべての権力を自己一身に集め、大衆を気ままに制圧する独裁者となって現われたのであった。

近代哲学は「自我」の哲学といわれるほど理性によってのみ立つ自律的主体性を確立しようとした。そこに自由が求められた。しかし最高存在としての神を否定して自由を求める傾向が優勢となった。ここに自我が変質して、シュティルナーによって説かれたように「唯一者」というエゴイストとなり、世界をすべて自己の「所有」とみなすことが露呈してきた。こうして近代的個人主義は自己本位の個我主義（エゴイズム）に変質している事実をわたしたちは見逃すわけにはいかない。

　このような傾向は次に紹介するサルトルの無神論的なヒューマニズムの宣言のなかに端的に表明された。

現代のニヒリズムの問題

　サルトルは『実存主義はヒューマニズムである』（一九四六）という書物のなかで、自己の無神論的実存主義の立場からヒューマニズムを新しくとらえ直そうと試みた。彼はまず「実存は本質に先立つ」という有名になったテーゼをかかげ、人間の本質はさしあたって何ものでもなく、人間はみずから自己を形成してゆくもので、人間は自由そのもの、いな、自己の内にも外にも依りかかりうるものはなく、「人間は自由の刑に処せられている」と主張した。

　ここから彼はヒューマニズムを規定し、神の代わりに「人間を究極の目的として、最高の価値として考える理論」であると主張した。その場合、特定の行為をなしているからこそ人間の全体が神的価値をもつとみなしたが、これを礼拝する人類教といったものはコントが考えたような形では存在しない。人間はむしろたえず自己をのり越え確立してゆく主体性以外の何ものでもないと主張し、彼の考えを次のように定式化した。

人間を形成するものとしての超越――神は超越的であるという意味においてではなく、乗り越えの意味において――と、人間は彼自身のなかに閉ざされているのでなく、人間的世界のなかに常に現存しているという意味での主体性と、この二つのものの綜合こそ、わたしたちが実存主義的ヒューマニズムと呼ぶものなのである（『実存主義と何か』伊吹武彦訳、人文書院）。

人間を超越と考えるところは、セネカがかつて説いたヒューマニズムの根本命題「人間は、人間的なものを越え出ることがないとしたら、なんと軽蔑すべきものであろう」と一致する。しかし、サルトルが人間を世界のなかへ自己を投企することによって自己形成をなすと説く点が実存主義的である。その際、彼は人間が自己を決定する能力をみずからもっていると主張する。これこそ自由意志の力なのである。

しかし、彼は「神は死んだ」という無神論を徹底的に主張し、神の表象をもつキリスト教的ヨーロッパの価値体系を無意味なものとして拒否する。カントの場合、自由意志は道徳法則にしたがって行為する能力と考えられていたが、サルトルの無神論的ヒューマニズムは神のみならずあらゆる法をも退ける。このように語って自由の絶対性を主張することから行動が刹那主義的になり、法を無視する無律法主義ともなって、具体的方向性を欠くのみならず、個人個人がばらばらで、ただ既存の社会秩序や体制に対する無政府主義的反抗という形でしか自己の自由を確認できなくなる。

それゆえヒューマニズムの最大の欠陥は、世界のなかに自己を投入することによって自己を実現するといっても、世界の中で出会う他者をどのように理解しているかと問うてみると、明らかになる。「地獄とは他者のことだ」という『出口なし』の台詞に表われている他者理解が問題となる。他者は自分と同じような「もう一人の自我」であっても、その自我はわたしの生存を脅かす「敵対者」にならざるを得ない。彼の場合、実存が自己の主体性を超越して積極的に他者との人格的共同の場に立つことがない。確かに社会学者コントが説いた人類教を脱却する試みは、ここに見られはするが、人間を自己創造者とみているかぎり、人間を神の位置にまで高める自己神化の無神論的帰結が表明された。

サルトルは自己の無神論的実存主義はドストエフスキーに由来しているという。ドストエフスキーの言葉「もし神が存在しないとしたら、すべてが許されるだろう」こそ彼の出発点であるという。この言葉はいったい何を意味しているのか。

人神と神人

ドストエフスキーは「もし神が存在しなければ、すべてが許されるだろう」と主張する立場を人神の思想として捉え、このようなヒューマニズムの人間讃歌をそのラディカルな帰結にいたるまで導いてゆく。人神の思想を表明しているのは『悪霊』のスタヴローギンとその友人たちとか『カラマゾフの兄弟』のイワンの立場である。ここではイワンについて考えてみよう。

イワンは長兄ドミトリイにとって「墓場」であり、弟のアリョーシャにとって「謎」である。この「墓場」にして「謎」という二つの言葉のなかにイワンの内心が明らかである。つまりイワンは、人生と世界はもはや生きる価値のない墓場にすぎない。たとえ神を認めるにしても、神が創った世界にはあまりにもひどい悲惨と悪が蔓延している。たとえ「教養あるヒューマニスティックなヨーロッパ人のような顔」をしていても一皮むけば、中身は野獣以下である。このように現実の世界は墓場だ。ところがイワンはこの墓場の世界になおしがみつき、生へ絶望的にすがりついて生きている。ここにイワンの「謎」がある。

イワンは恋愛に失敗し、絶望的になったが、どんなに絶望しようとも、人生の杯をすべて飲みほさずにはやまない激しい生活欲をカラマゾフ的特性としてもっている。彼はこの燃えるような生の衝動にかられ、知性や論理以前の生命に従おうとする。知性は絶望し論理は通じなくとも、墓場の世界であっても、自分は生きているという感動に酔いしれたいのである。

これは本質的に善悪の彼岸に立って肉欲の刺激にのみ生きようとする『悪霊』の主人公スタヴローギンと同じ生き方である。感じられるのは自己の生命と力のみであって、この感覚が墓場でも生きられる貴重なものとして説かれた。彼には他者は不在であり、世界はそれ自体では意味をもたない。ここに自律に立つヒューマニズムのラディカルな帰結としてのニヒリズムが露呈された。

それに対して弟のアリョーシャはイワンとの対話のなかで、兄の人生に対する愛をひきあげ、人間によってあらかじめ規定された人生の意義を超えて、人生そのものに対する愛にまで高めようと試みる。イワンが人生は意味のない墓場であっても、なおそこに意義があると主張しても、アリョーシャによれば人間の知性や論理でつくられた人工的世界の仮象を突破して、人生そのものから学ばねばならない。ところがイワンは悲惨が満ちた人間の世界は、たとえ「唯一の罪なき人」、キリストが多大の犠牲をはらったとしても、決して贖われることはない。また自分の考えが間違ったとしても、人生の苦悩は癒されるものではないと述べて、彼の劇詩「大審問官」の物語に移ってゆく。

アリョーシャはこのような兄の頑迷を「謀反」と呼ぶのであるが、イワンが体現する無神論的ヒューマニズムは現実世界の悪にどこまでもとどまろうとする現実的ヒューマニズムである。このヒューマニズムは大審問官の姿のなかに具現している。

劇詩「大審問官」とヒューマニズムの終焉

大審問官は一六世紀のカトリック教会の化身であるといえよう。このカトリックの教権組織によって保証された自由は、キリストが与えようとした「良心の自由」とは本質的に異なる。大審問官は人間性の邪悪なること、無力で悖徳《はいとく》的であり、「謀逆を性《さが》とする存在」であって、悪に仕える奴隷であることを力説し、このような人間に対処する最善の方法はパンと奇蹟と権力支配であるという。ところがキリストはこの三つでもって荒野の誘惑で悪魔から試みられたとき、すべてしりぞけてしまった。ところが大審問官は悪魔と結託し、キリストの事業に訂正を加え、奇蹟・神秘・教権の上にそれを建設した。彼はキリストが人間に与えようとした「良心の自由」がほんの少数の選ばれた者によって理解されたとしても、大衆はまったく理解できないだけではなく、かえってキリストに敵対する源になるだろうと説く。その語るところはこれまで考察してきたヨーロッパのヒューマニズムと深くかかわっているので引用してみたい。大審問官はキリストに向かって次のように言う。

見よ、貴様は人々の自由をわが手に支配するどころか、一層これを大にしてやったではないか。……良心の自由ほど魅惑的なものはないけれども、同時にまた、これはど苦しい要素はないのじゃ。……まさしく貴様は人間の自由を支配するどころか、さらにこれを増してやり、人間の心の王国を永久に、その苦しみにとざしてしまったではないか。貴様は、貴様にそそのかされ、とりこにされた人間が、自由意志によって貴様についてくるように、自由の愛を人間にのぞんだ。その結果、人間は、確固たる古来の掟をふりすてて、爾後おのれの自由意志により、自分で善悪を決定せざるを得なくなった。……だが、しかし、はたして貴様はこんなことを考えなかっただろうか？　もしも選択の自由といったような怖ろしい重荷が人間を虐げるならば、かれらはついに貴様の姿をも、さらに貴様の真実さえも排撃し、これを誹謗するにいたるだろう、という風にじゃな（『カラマゾフの兄弟』原久一郎訳）。

ここでは、キリストが与えた「良心の自由」が大衆によって誤解され、自由意志を乱用して、キリストに反逆するものになると考えられた。キリストが授与した良心の自由は宗教的なものであるが、これが人間的なる選択の自由として大衆を悩まし、結局はキリストに反逆した無神論的結果へ導くものであると説かれる。キリストが与えようとした良心の自由は自由意志として受けとられ、自己主張欲へと変質してゆかざるを得ない。それというのも人間性が謀逆を性とする奴隷的な状態にあるからである。それゆえ、このような大衆に良心の平安を与えるため大審問官は教権組織によって良心を拘束し、権力支配を確立するにいたる。このようにしてのみ大衆人としての人間は人間的自由を享受することができる。

しかし、このような組織へと服従することによって達せられる自由は良心の自由ではない。イワンは世界を墓場であると考えていたが、ここでも人間性の悪のゆえに政治的組織と権力の支配によってしか幸福になり得ないと判断する。イワンの世界は大衆としての人間の世界であり、彼は人間性の限界内で可能なかぎり生きようと努める。

こうして人間は自然の傾向性を解放し、その衝動を満たすことによってしか人間的自由を実現しうるにすぎないのである。だから一方では権力を、他方では大衆の傾向性と衝動に従うことによって、現実に自由を実現しうると大審問官は考える。このことはこの劇詩の背景である一六世紀ルネサンスの時代傾向にぴったり一致する。ルネサンス・ヒューマニズムの代表者エラスムスにおいても、自由意志は人間的自然の傾向性に対する肯定として説かれたのであった。他方、ルターの良心の自由は、反対に、自己の邪悪な罪の本性からの解放を意味し、自然的な傾向性の否定であった。

さて、ドストエフスキーの問題「もし神が存在しないならば、なんでも許されるであろう」が語っている自由の問題はどうなるであろうか。人間の現状を見て、神の存在の無意味さを知るだけに徹するならば、自己の欲望のままに生きる自由しか残らないであろう。サルトルの自由はこの人間的な限界内における自由にすぎない。しかし神への信仰によって欲望から解放されるならば、自己の傾向性からも自由になって、世界をまったく新しく見、アリョーシャのように人生そのものを愛し、そこから学びながら生きることができる。

劇詩大審問官でドストエフスキーは無神論的ヒューマニズムは、結局、権力主義に陥り、人間の自由が隷従に再度向かわざるを得ないことを明らかにした。彼はパスカルのいう「神なき人間の悲惨」を追求し、無神論の最終的帰結まで導いてゆき、イワンが発狂し、スタブローギンが自殺し、自己破壊が起こる宿命を描いた。そこにはギリシア悲劇作家たちがとらえた人間存在の悲劇性に対する認識が再度あらわれ、警告が発せられているといえよう。わたしたちはここに近代ヒューマニズムの終焉を見ることができる。

だが同時にゾシマ長老やアリョーシャによって語られた神人の思想には近代のヒューマニズムの終焉を突き抜けて、その悲劇性を超克する道も示された。

このように現代の無神論的ヒューマニズムは、その代表者サルトルの思想によって典型的に示されたように、「神の死」を宣言し、人間が自由であり、自己創造者であることを強調するようになった。ところが同じく「神の死」を追求したドストエフスキーこそ現代のヒューマニズムの自由の主張の背後にある仮面を剥奪したものとして注目すべきである。「もし神がいないなら、なにをしてもかまわない」といった自由の追求が、いかなる破滅をもたらすかを、彼は暴露する。そのことの根源はほかでもない人間の本性が悪質なものであり、ヒューマニスティックな教養人でも一皮むけば、狼にも等しく残虐で卑劣である点にある。このように指摘して彼は現代人の唯一の思想とも言えるヒューマニズムの無力を告発したのであった。

IX　近代の主観性から間主観性へ

これまで近代社会から現代社会への移行について、つまり現代における社会的な変化について考察してきた。わたしたちが追求してきた自由はこの変化に対してどのように対処すべきであろうか。しかしこの間に人間自身の自己理解も大きく変化してきたことをわたしたちは認めざるを得ない。実にこの自己理解の変化と共に自由の理解にも根本的な変化が伴ってくる。ここではこの前提となっている自己理解についての変化を解明しておきたい。

カントの超越論的主観性と実存哲学の主体性の問題

これまで考察してきた近代思想の利己的な個人主義の傾向は、カントによってとりわけ義務を傾向性と対立させ徹底的に批判されてきた。それは主観性をその人格的な尊厳において確立し、個人の特殊性を普遍性へと純化することによって遂行された。こうして「意識一般」(Bewusstsein überhaupt)の観点から「超越論的主観性」(transzendentale Subjektivität)が基本姿勢として説かれた。この「超越論」について『純粋理性批判』の緒論で次のように規定されている。

わたしは対象にではなく、対象を認識するわれわれの認識の仕方に、この認識の仕方が先天的に可能であるはずであるかぎりにおいて、これに一般に関与する一切の認識の仕方を超越論的と称する。このような概念の体系は超越論的哲学と呼ばれるであろう(カント『純粋理性批判』B25、高峯一愚訳、世界の大思想、河出書房、五八頁、ただし訳文の一部変更)。

ここでの「超越論的」(transzendental)は「超越的」(transzendent)と区別され、意識を超えて対象として「超越的」に存在しているものに対する認識主観の側の関わり方を学問的に反省し、認識の仕方や条件を明らかにする立場をいう。しかもその考察が「先天的」(a priori)になされるというのは、意識が対象に関わる際に、具体的内容を捨象し、純粋にその形式のみを問題にすることをいう。こうして感性的直観の「空間」と「時間」の二形式、悟性の判断作用に見られる一二「カテゴリー」(範疇)、理性の統一作用に見られる三つの「イデー」(理念)、つまり神・自由・永世が超越論的主観性の働きとして解明された。このような主観性の主張は近代の自然科学を学問的に基礎づけ、従来の形而上学の誤りを正すという偉大なる試みとして説かれた。しかし、そこには次のような問題点が残されることになった。

（1）その認識論が「構成説」と呼ばれているように、認識できる世界をもっぱら「自我」の産物とみなす観念論に陥ってしまった。このような学説は知識の真理性と普遍性とを人間であるかぎり絶対に同一である意識に立つ「超越論的主観性」に置くもので、認識された世界が各人に同一であり、認識を構成する力もみな各人等しいとする個人主義に基づいている。

（2）観念論では世界は自我の表象の産物であることから、個人自身は自己の産物たる世界の条件や運命から絶対に独立し、自己だけに立つ自律としての自由を獲得する。こうして自我は自然と社会とに対する関連から自己を切り離し、その絶対的主権を自己のものとした。このように自我が自然と社会とから遊離されているため、それが抽象的となっており、カントは具体的人間（Mensch）から分離された人間性（Menschlichkeit）を、生身の人格（Person）ではない単なる人格性（Persönlichkeit）を力説するようになった。「人間はなるほど非神聖ではあるが、しかし彼の人格に存する人間性は彼にとって神聖でなければならない」と彼は

説いた（『実践理性批判』波多野・宮本訳、岩波文庫、一二八頁）。

（3）この人間性の神聖性は「神聖な道徳法則の主体」であることに求められた。つまり人間は道徳法則の前ですべて平等であり、道徳法則の遵守に人間の神聖性と尊厳とがあって、この万人に共通の普遍的な道徳法則の意識の上に人間の行動はなされる。「汝はなすべきである。ゆえに汝はなしあたう」。こうして道徳的実践（為し能う）が当為の意識（為すべきである）から導きだされた。このような議論は現実から遊離した抽象的な反省によって行なわれたにすぎない。もちろんカントは『宗教論』では既述のように人間性の根本悪を考慮してはいるが、思想の基本は現実から遊離した抽象的な人間および法によってのみ結びつく孤立した個人に基づいている。この個人の立場を学問的に表現したのがあの「超越論的主観性」にほかならないといえよう。

同様の事柄は時代状況と思想の傾向は相違していても、キルケゴール（S.Kierkegaad,1813-55）に発する実存哲学についてもいえる。全体的にいって実存哲学は、人間の抽象的で概念的な「本質存在」（essentia）よりも具体的で個別的な「現実存在」（existentia 日本語の「実存」は「現実存在」の中央の二字からとられた）に立脚して「自己」となる「主体性」を獲得すること、もしくはそれを取り戻すことを根本的な課題とした。一般的にいって「主体性」（subjectivity）は「主観—客観」の図式では「主観性」と訳され、「主体—他の主体」の関連においては「主体性」と訳される。この主体性の真理を力説する点で実存哲学は、カントの超越論的主観性を超克しているが、法を媒介にして他者と間接的に結びついていた社会性の絆を、「公衆」「大衆」「日常性」「世人」という問題性のゆえに、断ち切って、自己存在の確立に向かった。確かに近代はその産業資本主義の繁栄によって、逆に人間の「自己喪失」や「大衆化」を引き起こしており、このことは経済上のプロレタリアートの出現に勝る「非人格化」と「非個性化」といった人格の破綻を来すとみなした。ここに精神上のいっそう深い危機に見舞われていたのであった。ここから発生する「大衆国家と独裁」（ノイマン）の悲劇的構造を克服するために、キルケゴール復興という形で、実存主義の運動が第一次世界大戦以後盛んになってきたのであった。

このような意義をもつ実存哲学も、個別的な「実存」を一般的な「現存在」から自己へ向かう「超越」として把握するかぎり、個人主義的であり、カントの「超越論的主観性」の名残を止めている。とはいえ、実存哲学の中から「他者」に向かう積極的な生き方を主張する方向も出てきている。しかし、それらが依然として単独者としての実存に立つかぎり、人間存在の社会性は積極的にかつ全面的には肯定されていないといえよう。

近代主観性の哲学における他者の喪失と発見

近代哲学の最大の特色は主観性（Subjektivität）に、つまり認識の主観性と実践の主体性とに求められよう。近代哲学は主観性という特徴を強力にかつ鮮明に打ち出すことによって現実から遊離して行って観念論に陥り、主体性に徹底することによって社会から遊離して行って独我論に陥り、自己主張のゆえに却って自己破壊に転落する運命を自ら招来しているといえよう。この哲学を支えてきた自律的な理性の主体としての自我は、個人主義から個我主義（エゴイズム）に変質することによって、自己破壊を惹き起こし、今日きわめて憂慮すべき問題となってきた。とくに自我の強力な自己主張と圧倒的優越性のもとに覆い隠してしまったもの、つまり「他者」を再び発見し、取り戻して体得し直すことが緊急の課題である。

自我がもつ「自己」の主張は当然のことながら、「他者」を押し退け、抹殺するか、それを認めたとしても、他者の「独自性」と「異他性」を撥無して、他者を「他なる自我」（alter ego 別の、もう一つの自己）とみなすことによって「平均化」する。こうして近代哲学の基本的欠陥は他者の喪失に端的に示されていると言えよう。

しかし、近代の主観性の哲学の頂点とも言うべきドイツ観念論を創始したフィヒテは観念論を展開する只中に、この失われた「他者」を発見した。たとえば、『人間の使命』（Die Bestimmung des Menschen）という著作では、意識の外にある実在はすべて自己の自由な表象作用によって形成された産物である、との観念論的思考を展開させながらも、意識以外には何も存在しないとすると、自己自身も存在しなくなってしまうと考え、自己の存在と共に自己と同類の存在をも良心によって認めるようになった。

しかし、わたしの良心の声はわたしに呼びかける、これらの存在者がそれ自身において何であろうとも、汝はそれらをそれ自身で存続する、自由な、自立的な、汝から完全に独立な存在者として遇すべきである、と。これらの目的を遂行するのを決して妨げるな、却ってその遂行を汝の全能力に応じて促進せよ。彼らの自由を尊重せよ。彼らの諸目的を汝の諸目的と同じく愛をもって把握せよ（フィヒテ『人間の使命』量義治訳、世界の名著、一九二頁）。

ここでの同類は自己と同じ存在であるばかりか、自由で、独立な存在である。この同類との交互作用と結合とは、目に見えない実在の世界を形成している。すなわち「多くの自立的で独立的な意志交互のかの合一と直接的交互作用こそは、見えざる世界の大いなる秘密であり、その根本法則である」（前掲訳書、二二九頁）。こうして同類との共同がここに示されているが、フィヒテはさらに洞察を深めて、自己と等しくないところで同類を「他者」として把握する。「彼らの自由の行使に際して、わたしに悪と見えるものをわたしが妨げたり、取り除いたりするよりも、わたしが彼らの自由を尊敬することのほうがもっと大切である」また「わたしは、それによってのみわたしが彼らに対立するようになり、彼らと交渉し得るものを、彼らに対し常に前提しなければならない」（前掲訳書、二四二、二四四頁）。それゆえ他者とは自己でないもの、自己の不満・怒り・激怒を引き起こすものであって初めて言葉の厳密な意味での「他者」なのである。

フィヒテが発見した他者は自己と等しい同類ではなく、却って自己を制限し、否定する実在としての他者である。この他者を承認したうえで自己と世界とを考察する新しい哲学がここに開始している。ヘーゲルはフィヒテの思想を弁護して「最高の共同性は最高の自由である」（『理性の復権』山口祐弘他訳、アンヴィエル、八五頁）と言う。同様の事態はヘーゲルの『精神の現象学』における「自己意識」の「相互承認」の学説に見いだされる。自我の本質は相互承認の関係の中で社会的人倫的であり、その精神は行為的にして社会的である。自己意識の社会的性格について次のように語られている。「これによって〈我々〉にはすでに精神の概念が現にあるようになっている。今後に意識に対して生ずるものとは、いったい精神とはなんであるかという経験である。精神というこの絶対的な実体がもっている対立、すなわち相異なり各自別々に存在する両方の自己意識が各自に全く自由であり自立的であるのに両者の統一、即ち我々である我であり、我である我々とを形づくるさいの絶対的実体である精神がなんであるかについての経験が今後に意識に対して生ずるものなのである」（『精神の現象学Ⅰ』金子武蔵訳、岩波書店、一八二頁）。このように他者は自我の不可欠な前提として認められていたのであるが、自我が認識論的に高揚するにしたがって他者の存在をも自己の内に取り込み、普遍的な精神として自我も他者もその対立の契機は止揚されるにいたり、理性的な思想体系のなかに他者は消失することになる。

これに対決して実存哲学は観念的な理性の体系により消失した自我を再び取り戻し、真の自己たる主体性を確立する試みとして登場した。自己の確立を主眼とする実存哲学では、まず他者から自己を解放し、実存を確立したうえで他者に関わったため、他者は二次的存在とみなされる傾向が支配的であった（金子晴勇『人間と歴史』ＹＭＣＡ出版部、第九章「実存と他者」二三二―六二頁を参照）。実存哲学者の中にあってサルトルは「他者」の問題を積極的に取り上げている。自己は他者に出会い、「共存在」のなかにあって「他者の存在にかかわる一種のコギト」を展開し、自己と他者との相互的関係に立って、「間主観性」という特徴を帯びている（『実存主義とは何か』

伊吹武彦訳、人文書院、五一―五二頁参照）。

このようなサルトルの「相互主体性」つまり間主観性の主張は実存哲学の近代的主観性を変革しているのであろうか。確かに彼は『方法の問題』や『弁証法的理性批判』においてそのように主張したが、これをよく検討してみると、「相互」よりも「主体性」に強調点が置かれていることが分かる。しかもこの「主体」は欲望的な主体であって、自己の欲望を満たすために他者に関わり、集団を形成すると説かれた。世の中には希少性が価値と欲望を生じさせていると、彼は主張し、何物も十分でないこの世界では「他者」の現前はわたし自身の欲求の充足を脅かす。他者は今やわたしの生存を脅かす「敵対者」となっている。実存が自己の主体を越えて他者との人格的共同の場に立つことがないのだ。だから個人が自己の無制限な自由に立つかぎり、自己の企図による自己実現は可能であるかもしれないが、固有の意味での「他者」は排除されている。劇作『出口なし』の終わりにある台詞「地獄とは他者のことだ」は彼の基本的態度を表明しているといえよう。実存主義の自己はこんなにもひどい自己主張欲に汚染されている。このことがハイデガーのナチの手先となった政治活動にもいえるであろう。

このサルトルと真正面から対立している実存哲学者はマルセルであるが、マルセルはキリスト教の人間観に基づいて相互的主体性を説いた。それに対しシェーラーはマルセルと同様にキリスト教の影響の下に立った時期が認められるにしても、どこまでも現象学の立場からこの相互的主体性もしくは間主観性を解明した。オーエンスは適切にも言う、「サルトルが遊離した個人を説く預言者であるとしたら、シェーラーは〈共同体-内-存在〉の哲学者である」（Th. Owens, Phenomenology and Intersubjectivity, p.56）と。

他者はどのように理解されるか

現象学における「他者」の認識の問題は今日もっとも注目される主題であり、これを簡単に要約して述べることはできない。とくにフッサールにおける間主観性の問題はその超越論的主観性の立場からは本来は容易に解明できないといわねばならない。とりわけ今日現象学で追求された他者認識の問題を問うことはできない（それに関しては金子晴勇『現代の人間学』知泉書館、第Ⅰ部第四章、九六―一一二頁を参照）。

人間は人格として事物のようには認識できない。人間における自我の領域は科学的な認識の対象となりうるが、「人格」にはどうしても相手を理解することが求められる。理解は対象的ではなく、他者の身になって体験的にのみ考察しなければならない。体験を通して相手の存在に関与する「存在参与」（Seinsteilnahme）が不可欠である（『同情の本質と諸形態』青木・小林訳、「著作集 7」白水社、三六〇頁）。それは対話というコミュニケイションによる以外に方法がない。対話のなかで他者は生き生きとして現在するという仕方でリアルに把握することができる。

古来、他我の知覚理論には類推説と感情移入説があった。その説では外的行動を内的自己を表示しているものとして捉え、内的自己の共通性から他者を類推できると考えた。ここでは外的に観察できる行動が集められ、わたしの外面的な行動の背後に内面的な「我」が立っているように、同じ仕方で他人の行動の背後に「汝」がなければならない。したがって自己の観察された行動を内的我を表示するものとして認め、この行動を通してわたしは今や他者の内的我のなかに入りこむことができると考えられた。こうした他者理解は自己と他者とが「内的我」という共通分母をもっているとの想定に基づいている。だが、そこには人間がもっている個別的な自我の形成と独自性とが無視されているし、外的な行動のみならず、言葉でもって自己を表明する存在である点が看過されている。

そこで他者との出会いについて考えてみたい。ここでは『言語の現象学』を書いたクワントが『出会い』のなかで提示した点を参照してみたい。その説は次の四点にまとめることができる。

（1）人間の人格はその外的な行動の背後に隠されてはいない。むしろその中に現存している。

わたしたちの存在は本質的に自己の外に立ち現れており、人間の人格は身体によって覆のように隠されているのではない。その外的行動は内的自己の具体化である。人格は現に存在し、身体において現われ、わたしたちに直接接近可能である。

(2)　人格的な生の最も本質的な現象は疑いの余地なく思考と自由である。これらの現象は隠されないで、思考の原初的で最も本源的な形態は、内面的な思考ではなく、行動のなかに見いだされる。行動というのは、その多くの局面が内的な統一性をもっている場合にのみ、本当に人間的であるような、一つの複合過程なのである。人間の行動は自己が理解したものを具体化している。人は自分の手や身体の運動でもって行動を通して「考える」のである。このことはわたしたちが「愚かに語る」のみならず、「愚かに行為する」ことができる理由である。後者は行動における思考力の欠如を意味している。この知は目に見えるし知覚できるので、わたしたちは直ちに、無媒介に、それを理解する。

(3)　このようにして思想は原理的には知覚できるし接近できる。わたしたちはデカルト的な幻想、つまり思想は本質的に内面的なものにして近づきがたいものであり、言葉によるコミュニケイションは二次的で偶有的な現象である、との幻想を廃棄しなければならない。わたしたちは行動と言葉とに具体化されている思想を直接的に理解する。

（4） 人間はその可能性のすべてを一挙に実現できず、その人格の諸側面は潜在性の状態に留まっている。より深い可能性はある出会いのうちにおいてのみ現実性となる機会をもつ。人格はベルグソンによって「無限な潜在性」として正当にも特徴づけられる。したがって、人格は彼の目に見える有り様だけと同一視されることはできない。その現実化の可能性が無限だからである。人は時に予想外の力を発揮するかもしれない。わたしたちは人を出会いにおいて現われているものと同定すべきでないし、そのように決めつけてはならない。彼の存在の潜在性において彼はそれまでの結果を超えているかもしれないからである。人は自己実現の可能性とある種の自由をもっている。利口な人は会話の最中に自分を知らせるのを抑制することができる。彼はソクラテスのアイロネイアのように無知と無能とを装うこともできる（R.G.Kwant,Encounter,1965,p.18-24）。

コミュニケーションと対話の意義

他者の認識にとってもっとも重要な意義をもっていたコミュニケーションは、事物とは異なる人間の認識の確立にとってだけではなく、人格的交わりおよび生の意味の確立にとっても不可欠の要素である。さらに思想の形成にとっても重要な意義をもっている。これまでの日本人の思想形成にとって内省的な思索が主流をなしていたのに反し、言葉を通してのコミュニケーションは、プラトンの対話編に登場するソクラテスの実例に端的に示されているように、思想形成の地盤となった。こうした対話の行為は「吟味のない生活は人間らしい生活ではない」とあるように、互いに自己を公開し合ってその考えを吟味にかけて批判しながら、個人的な「思いなし」（ドクサ＝憶測的見解）を克服し、共通点の確認によって普遍性の高い視点に到達できる。だが、わが国においてはこういう傾向はきわめて弱かったといえよう。この点について丸山真男は『日本の思想』で「思想と思想との間に本当の対話なり対決が行なわれないような〈伝統の〉の変革なしには、およそ思想の伝統化はのぞむべくもない」と適切にも語っている（『日本の思想』岩波新書、六頁）。日本文化は「蛸壷文化」と彼によって呼ばれているように、わたしたちは自己の殻に閉じこもってモノローグに陥っていたといえよう。日本に滞在し親しく日本文化に触れたカール・レーヴィットは日本とヨーロッパの精神的相違点を「批判的対決」に認めて次のように語っていた。「ヨーロッパ精神はまず批判の精神で、区別し、比較し、決定することを弁えている。批判はなるほど純粋に否定的なもののように見える。しかし、それは否定することの建設的な力、古くから伝えられて現に存在しているものを活動の中に保ち、さらにその上に発展を促す力を含んでいる。……東洋は、ヨーロッパ的進歩の基礎になっているこうした容赦のない批判が自分に加えられるのにも他人に加えられるのにも、堪えることができない」(『ヨーロッパのニヒリズム』柴田治三郎訳、筑摩書房、一九七四年、一一九頁)。もちろん日蓮や本居宣長さらには内村鑑三のような対決型の思想家はたしかに存在してきた。こうした少数の思想家によって実践されてきた持続的な対決の姿勢が思想形成にとって重要な意義をもっている。

したがって、批判的なコミュニケーション行為こそ思想形成の地盤であることが明瞭である。しかし、批判は相手に積極的にかかわり、相互に建設的に行なわれてこそ意味があるのであって、一方的に相手を否定する破壊主義、したがって問答無用な高圧的態度に堕落しやすい点は厳に戒めなければならない。それゆえ、ハーバーマスの類型をここで用いるならば、「目的達成的・戦略的コミュニケイション」ではなく、「意思疎通的・了解達成的コミュニケーション」こそ真に人間的な態度といえよう(『コミュニケイション的行為の理論』中巻、藤沢賢一郎他訳、未来社、一九八六年、一二三頁)。人間存在の根本的特質が距離の上に立った関係行為に求められたように、距離によって生じる否定的契機は、コミュニケーションの創造的精神によって担われて関係の新しさに到達するようにならなければ、人間らしい行為ということはできない。

ここから起こってくる対話の意義についで終わりにブーバーとシュトラッサーの学説によって

考察してみよう。

対話の哲学――ブーバーとシュトラッサーの学説

近代主観性の哲学に対する批判として展開してきた間主観性理論は、ブーバー（M.Buber, 1878-1965）に創始する対話の哲学でどのように発展しているのか。ここではその発展の要点に触れることしかできない。

ブーバーのシェーラー批判は『人間とは何か』（Problem des Menschen）第二部第三章で詳論された。それは『宇宙における人間の地位』の結論の部分を採り上げて論じられた。シェーラーはカトリックと絶縁した頃、つまり『共同感情』第二版を出版したところ、ブーバーと出会い、彼に「わたしはあなたの狭い尾根に非常に接近しましたよ」と語って彼を非常に驚かせた。この告白の意味をブーバーは『宇宙における人間の地位』から解釈しているのであるが、この出会いの時点でシェーラーが到達していた思想は『共同感情』第二版で特に新しく書き加えた同書の第三部「他我の知覚について」で展開された内容と見るべきであろう。そうすると、彼の告白の意味は間主観性理論と関係しており、自我の心的経験に見られる体験流の思想と密接に関係していると理解すべきである。

ブーバーの「狭い尾根」というのは、対話の存在論的状況を言い表わし、二人の個別的存在の「両者を超越しつつ、両者の間に実在するもの」であって、「主観性の彼方、客観性の此方、我と汝とが出会う」ところを指示する（『人間とは何か』前掲訳書、一七七頁）。シェーラーの体験流も自他未分化の心的統一が、人格が成熟するのに応じて、自我の意識の芽生えと共に分流してくると説かれていた。したがって、シェーラーはブーバーの対話の思想へ自分が接近していると思ったのではなかろうか。

この対話の領域は「汝」と語ることによって呼び開かれる人格的関係の世界である。この「間」の領域は人間的「間柄」と「仲間」の世界であり、相互性による意味の充実が「共有の実り」をもたらす創造的世界である。対話の中で他我は、単に存在として定立されているだけではない。むしろ、そこにおいてわたしたちは自己を人格として創造し、創造的世界の創造的要素として世界を担っている。しかし、汝の世界は「それ」の世界へと転落する宿命をもっている。「それ」の世界は事物的経験の世界である。この事物的経験の世界と汝の人格的交わりの世界との関係はどのようになっているのであろうか。対話の現象学と哲学とはこの点をさらに究明していった。

次に現象学を対話の観点から発展させているシュトラッサー（S.Strasser）の『対話的現象学

の理念』(The Idea of Dialogal Phenomenology,1968)でのフッサール現象学の発展とブーバーの「対話の哲学」の現象学的存在論による基礎づけとに注目し、そこからの間主観性理論の新しい展開に簡潔に触れておきたい。

(1)ブーバーの力説した関係の相互性は主観と客観との間にも生かされ、相互性の原理によって対象は主観の一面的理解を越えてリアルな現前にもたらされる。つまりわたしが対象に関わってそれを現前させる仕方は対象がわたしに現われてくる顕現に調子をあわせ、しかも普遍的で必然的になされる。相互的で有限な存在である人間は、自己から一切を創造する神のコギトではなく、対象と相補的関係に立って思考する。こうして関係的主体は関係的客体と交互になりうる。対話はこのような関係存在を端的に示す。

(2)「汝は我よりもいつも先行している」との汝の優位性が説かれた。主体と客体との相互関係は、「考えられた事物」ではなく「考えられ得るもの」の現前化がコギトに与えられており、これに思考が「汝」として関与させるように導く。こうして汝はまず信じられ、「信」は客観的知識から深淵によって隔絶した存在を肯定する。この「原初的信」の基礎に立ってコギトは展開する。こうして「汝」への対向こそわたしの志向性を喚起する。つまり「汝」

がわたしを「我」たらしめる。ここに汝の我に対する優位がある。
（3） 対話概念の拡大が試みられた。対話は言語を越えた領域にも拡大され、共感や共鳴などの身体的・情動的関係、実践的レヴェルでの無名なすべての関係も自己の一段階として規定する。また対話には対立・緊張・批判が前提され、自己と矛盾しないような「汝」は真に語られないとされ、「敵対」関係にまで対話の概念が拡大された。
（4） 間主観的認識理論として「対話的構成」について次のように論じられる。構成するとは「無意味な質料に有意味な形を与えること」（ギリシア的方法）でも、「存在しないものに存在の意味を与えること」（近代的主観性の立場）でもない。これでは観念論となってしまう。「反対に、構成するとは意味をますます明晰にしていく絶えざる過程である」と説かれる。この「意味促進」は身体的段階・実用的段階・言語による記号化の段階という過程を通って完成される。対話的構成の定式として「それはそれ自身を構成するが、わたしたちなしではない」また「それはそれ自身を構成するが、意味付与の最終的決定は人格的存在としてのわたしたちに残されている」（『対話的現象学』齊藤伸訳、知泉書館、一一二頁）。
このようなシュトラッサーの「対話的現象学」の試みは間主観性理論のこれからの発展にとっ

てきわめて重要であるといえよう。

X　自由の人間学的考察

はじめに

　これまでわたしたちはヨーロッパ思想史における自由の歴史を考察してきた。それが現代では無神論とニヒリズムの影響によって個人の自由が無限に主張されるようになった。このようになったことをここで人間学的に反省し、とりわけ人間と社会との関連を考察し、自由について根本的に再考しなければならない。

　わたしたちが日常語として用いている「人間」という言葉は「人の住むところ」としての「じんかん」であり、「世の中」や「世間」を、したがって「社会」を意味しているが、俗に誤って「人」に当てられるようになった、と一般にいわれている。ドイツ語の「仲間」とか「同胞」を意味している言葉 Mitmensch は「共に在る人間」を意味し、日本語の「人間」の源義に近い。

実際「人」は「人々」と共にあって、この両者は元来区別されていなかったが、個人としての自覚とともに区別されはじめ、やがて対立するようになった。こうして、人間は個人として自己に中心をもつ存在であり、「主体性」をその本質とする自己中心的な個別者でありながら、同時に「人々」である他者と深くかかわり、他者との共同のうちに自己の生を確立していく存在であるといえよう。

そして自己の中心に向かう求心的方向と他者にかかわっていく遠心的方向との、全く相反する、両方向を同時に生きるというのは、確かに矛盾した事態ではあっても、それでも人間らしい生き方であり、ここに個別性と社会性とからなる人間存在のパラドックス（逆説）が見いだされる。

個人と社会との関係

そこで個人と社会との関係に見られる一般的な三類型を大別して考えてみたい。

（1）個人が社会のなかに埋没している形態

一般的にいって古代社会では、個人の自由な意識は未だ生じておらず、個人は全体社会に和合していた。だが、この形態は今日にいたるまで残存している場合がよく見かけられる。たとえば、掟の神聖視と村八分、社会規約・憲法・制度・学則などへの絶対視、伝統への無条件的服従、さまざまな権威への信従、建前への固執、「主人」という言葉（主人と奴隷という主奴関係の残滓）、全体主義的国家体制、会社への忠誠心、一家心中、外面的体裁や世間体を気遣う過度の「恥」の意識（恥は公恥と私恥に分けられ、この場合は前者にあたる）などに現われている。フロイトの心理学は個人の心を支配している社会の意識を問題にしている。つまり「超自我」としての「良心」のなかに社会的習俗が支配している点に注目する。人は長い幼児期にわたって両親への依存性が心のうちに沈澱し、自我に対し特別な作用を及ぼし、さらに家族・民族・種族の習慣が意識下において支配するようになる、と説かれた。このような強力な社会的規範の意識は人を社会のなかに深く埋没させ、個人は没主体的となり、個性を欠いた存在となしている。

（2）　個人が社会から独立し、社会を新しく形成している形態

近代におけるもろもろの革命は旧体制を崩壊させ、個人を社会の権力から解放させるにいたった。そこで自由になった個人は新たに契約を結んで「共和国」を樹立するにいたった。ここでの自由は理性による自律を意味し、人は自己の力で立法し、それを遵守し、秩序ある世界を創造

する。こうして法の前での公民としての平等が主張される反面、市民としては自由競争の原理に立って自己の利益のみを追求し、公民と市民との矛盾した生活を強いられる。このような近代市民社会は今日にいたるまで続いている。伝統的共同社会からの自由が行きすぎると、個人は社会から遊離してしまい、そこから社会と人格の崩壊現象が発生してくる。この遊離した形態には、たとえば、自己本位のエゴイズムと独我論（シュティルナーの「唯一者」に典型的に示されている）、無神論と反律法主義（ドストエフスキーの「人神」とサルトルの実存主義を参照）、反体制のラディカルな諸形態（ルサンティマン的行動・サディスト的行動・革命的爆弾製造人・無差別殺人・放火魔など）、独裁者と暴徒、拝金主義、職業と個性の喪失、モノローグ的人間（対話能力の喪失と自閉的生き方）などが挙げられる。これらの否定的現象は社会の崩壊の産物であるが、このことは却って人間の社会的本性を逆説的に呈示しているといえよう。

（3）　世人と社会との相互作用が実現している形態

個人が社会によって働きかけられることによって自己を形成しながら、同時に社会を構成する一員として社会に働きかけ、「創造的世界の創造的要素」（西田幾多郎の常用語）となっている場合がこの形態である。これこそ現に在るがままの人間の内に見られる本来の姿である。ところが本来在るように現実にもあるということほど至難な事柄はない。「汝が在るように成れ」とのピンダロスの箴言は、わたしたちにとって「存在」が「当為」であること、またそこに人間の使命のあることを物語っている。ところでヘーゲルはこの形態について「人格と人格との共同は本質的には個体の真の自由の制限ではなくて、その拡大とみなされなくてはならない。最高の共同は最高の自由である」と語っている。実際現実の自由は無制限な自己主張ではなくて、人格間の相互承認によって実現しており、そこに実現している自己は人倫的な精神として「われわれ」という自他を統合する行為のなかで活動している。『精神現象学』のなかで彼は次のように言う。「かくて〈われわれ〉に対しては、すでに精神の概念が現存している。今後意識が認めるにいたるものは、精神がなんであるかについての経験にほかならない。すなわち、相対立する両項の、各自別々に存在し、相違する自己意識のまったき自由と自立とをそなえた両項の統一である精神という絶対的実体が、換言すれば、われわれなるわれであり、われなるわれわれである精神がなんであるかについての経験なのである」（ヘーゲル『精神の現象学』上巻、金子武蔵訳、岩波書店、一八二頁）。「われ」と「われわれ」とによって個人と社会との関連がここに示される。この「われわれ」という共同は具体的には共同体の三類型である家族・市民社会・国家に実現しており、個人間の相互行為は個人と社会との相互作用においても実現している。

（4）三つの類型間の発展

個人と社会との関係の三類型についてこれまで述べてきたのであるが、これらの類型間にはいかなる関係があるのか。第三の類型こそ本来的なものにして、かつ本性的なものであるのに、歴史の歩みで見られるのは第一の類型から第二の類型を経て第三に向かう発展のプロセスである。ここにわたしたちは、この関係の動的な弁証法的発展の法則を見いだす。だが、このプロセスには、なおいくつかの要因が加わっているといえよう。

まず第一に、近代社会の成立にはヴェーバーの説く「合理化」が働いており、それまで支配していた非合理的な呪術からの解放が重要な意味をもっているということが認められなければならない。この合理化の働きにより伝統社会は解体され、目的合理的活動によって近代の利益社会もしくは科学技術社会が成立した。しかし伝統社会は解体されたとはいえ、人間の日常生活で展開する相互作用のなかに生き続けている。したがって、問題は経済的・政治的な合理化がこの日常的相互作用に対しどのようにかかわっているかである。ところで近代的な主観性もしくは主体性は、確かに理性的自律にもとづいている。この理性は人間を自律させると同時に社会を合理化しているのであるが、自律が排他的な、自己中心的な、単なる主観性にとどまるならば、社会の合理化も実際には起こり得ない。したがって、理性的主観性が社会との関係においてどのように作用し、自己実現をしているかが、ヘーゲル以来問われてきており、わたしたちはここに近代的主観性の限界を認識すると同時に、他者との関係の中で生きている社会性の意義をとくに強調せざるを得ないといえよう。

次に問題となるのは、近代的主観性とそれを克服すべく提示された間主観性との関連である。前述のように、近代社会が利益社会として成立しているとしても、それまで一般的であった共同社会は、解体されたとはいえ、消滅したわけではなく、家族や地域社会の内に人間の本性的・生命的営みとして存在しつづけ、伝統社会として維持されている。わたしたちは近代市民社会に生を享《う》けてはいても、昔ながらの家庭のなかに誕生し、幾重にも積み重なった社会的な習俗・慣習・制度によって育てられる。もちろん近代社会の影響はこのような伝統的な生活形態の中にも侵入し、新しい慣習や制度を造りだしてきていることは事実であり、わたしたちは伝統社会と近代社会との双方によって拘束されている。だが、こうした外的な拘束にもかかわらず、個人は社会に関わりながら自己自身を主体的に形成し、社会によって育てられ拘束されながらも主体的に成長し、人格的な成熟にいたるプロセスを経過する。それゆえに個人と社会との関係は、いっそうダイナミックな様相を帯びてこざるをえない。この個人の成熟という視点から社会との関連を捉えるならば、そこには次の三つのプロセスが見られるのではなかろうか。

（1）個人は自分の欲したのではない間柄のなかに生を享け、幾重にも積み重なった社会のなかで拘束されながら育てられ、社会のなかであたかも同心円の中心のように存在している。それゆえ個人は始原から社会によって規定され、社会の強い要請を担った他者との「汝」関係にある。わたしたちはこれを「汝の原関係」と呼ぶことができる。
（2）こうした社会的拘束にもかかわらず、個人は同心円の中心としての自己を自覚するようになる。こうして自己を取り巻いている社会のさまざまな力に対決し、社会から分離してでも自己の独立を貫いて、真の自己らしい姿をえようとする。その際、個人は自己の独立を社会を代表する「汝の原関係」からの分離という形でしか実現できないと感じるため、この分離が原関係からの背反と反逆となって現われる。
（3）だが社会との現実的な関係のなかでのみ真の自己と自由に達することが理解されるとき、個人は社会に対し進んで責任をとる主体としての「社会的自己」の自覚にいたる。そのためには具体的な他者との関係のなかで経験を重ね、人間的に成熟しなければならない。こうして成熟するにいたった社会的に責任を負う自己こそ共同体を担っている人格であるといえよう。
このように社会的な共同体も主体的な個人もともに発展の途上にあるため、個人と社会の関係は、絶えざる動的プロセスを生み出しながら展開しているといえよう。

共同社会関係と利益社会関係

わたしたちはこれまで近代市民社会の完成によって自由概念がどのように変化してきたかを考察してきた。このような歴史的変化とともに重大な社会的な変化も起こってきた。それは近代社会と伝統社会との関係であって、その成立過程についての考察が社会学者テンニエスによって行われたことをここで検討してみたい。

伝統社会と近代社会の関係は今日ではテンニエスによって共同社会関係（ゲマインシフト）と利益社会関係（ゲゼルシャフト）として説かれるようになった。彼は人類の社会生活を二つの意志のあり方から考察していき、人間存在の主体的意志から共同体が構成れていることを見事に捉えた。彼は社会学者として社会生活を分類し、さらにそこの職業と精神的傾向性とが説かれるようになった（テンニエス『ゲマインシャフトとゲゼルャフト』下、岩波文庫、二〇八―九頁）。

わたしたちはテンニエスが意志を本質意志と選択意志との二つに分けて共同体の基本的性格を捉えた視点に注目する。他者との相互的結合それ自体を目的とする共同人格的方向と、相互的結合を自己の利益の手段とする非人格的方向との、対立する根本的傾向を取り出し、前者を「共同社会関係」、後者を「利益社会関係」と呼ぶことにしたい。つまり他者との結合を目的とするか、それとも手段とするかは、相手に対する関係行為の根本的な相違に関わる。

マルティン・ブーバーの対立する二つの根源語でこれを表現すれば、「我─汝」の関係と「我─それ」の関係とに分けて、これらの関係を特徴づけることができよう。「我─汝」は他者との人格的な対話的関係であり、「我─それ」は他者との非人格的な利害にもとづく関係である。前者は他者と身近に接近した親しい間柄関係を指し、後者は他者の姿が遠くに退き人々の中のただ一人になった離れた関係を指す。そうするとわたしたちは遠・近という二つの視点から他者に関係し、社会生活を営んでいることになる。

これまで問題にしてきた二つの共同体についてのテンニエスの学説は現代ではマックス・ヴェーバーによって継承されており、それがさらにハーバーマスによって批判された。次にこの問題を考えたい。

ヴェーバー（M. Weber, 1862-1920）は社会を科学的に分析し、その内容を客観的に記述していく際に、そのような認識が、特殊な価値意識に依存していることから、「理念型」にしたがって行なわざるを得ないと考えた。複雑な社会現象を人間の限られた認識能力で捉えることはもとより不可能であり、何らかの価値観にしたがって社会の最も重要な構成因を理念的に取り出し、これをモデルにして客観的に社会現象を解明せざるを得ない。こうして共同体の理解についても、彼によって合理的な科学技術に基づく「近代社会」と、非合理的な慣行の支配する「伝統社会」といった類型論的考察によってなされた。

社会的行動の四類型

ヴェーバーの共同体について立ち入って考察する前に、社会的行動の四類型と支配の類型について述べておきたい。というのは彼によると社会や共同体は、その合法的な支配のあり方を含めて、社会集団の客体的側面からではなく、あくまでも個人の他者に対する主観的な行動から理解すべきである、と考えられたからである。さらに彼は社会的行為を次のように四つの類型に分けている。

（1）目的合理的行為。これは、外界の事物の行動および他の人間の行動について或る予想を持ち、この予想を、結果として合理的に追求され考慮される自分の目的のために条件手段として利用する行為である。

（2）価値合理的行為。これらは、或る行動の独自の絶対的価値……倫理的、美的、宗教的、その他……そのものへの、結果を度外視した、意識的な信仰による行為である。
（3）感情的特にエモーショナルな行為。これは直接の感情や気分による行為である。
（4）伝統的行為。身についた習慣による行為である（『社会学の根本概念』清水幾太郎訳、岩波文庫、三九頁）。

これらの行為の分類には合理性がすべての尺度の基礎に据えられており、行動の目的も合理的かそれとも非合理的かと分類され、非合理性の内容が信仰による価値・主観的感情や情念・習慣となった伝統とに分けられている。したがって「合理化」と「伝統」とが対極をなす理念的図式を生み出したとされた。

社会における支配の類型

同様のことは正当な支配の類型においても合理性と伝統性とが対比されていることでも知ることができる。正当な支配の純粋な類型は三つだけあって、『経済と社会』（II-9）に展開する「支配の社会学」においてその三類型が次のように説かれている。

（1）合法的支配。これは近代国家のビューロクラシー（管理行政機構）に典型的に示されている「官僚制的支配」であり、正しい手続きで制定された規則に対する服従によって行なわれ、支配者の恣意を許さない「没主観的な官職義務」の遂行によって徹底した公平さにより形式的ですべて技術的に処理される社会をいう。そこには「目的合理的」と言われる支配形態があり、官僚制下においては人間は自動機械として下僕のごとく駆使され冷酷な即物主義のみが力をふるっている。

（2）伝統的支配。これは「昔から存在する秩序と支配権力との神聖性」に対する信念に基づいており、その最も純粋な型は家父長制にみられる「主人」の支配形態である。その支配団体は「共同社会関係」であり、そこには「命令者・服従者・行政幹部」がそれぞれ「主人・臣民・下僕」として定められている。この支配においては伝統的秩序や因習が一種神聖なものとみなされ、地位や身分の権威に対する忠誠と服従とが求められている。新しい法は昔から妥当しているとの認識によって制定される。

（3）カリスマ的支配。「カリスマ」とは「天与の資質」をいい、とりわけ呪術的能力・啓示や英雄性・精神や弁舌の力に現われる。この形態はこのような異常とも言える賜物と素質による圧倒的支配をいい、特定の人物に対する情緒的、感動的、絶対的帰依によって行使される支配形態である。たとえば予言者、勇将、デマゴーグなどの指導によって教団、義勇兵士団、過激派グループなどの共同体や結社が結成される。したがって「この支配団体は宗団また従士団の形をとる情緒的共同体である」。それゆえ、それは非合的価値に基づいた共同体の形態である（『支配の社会学』一、世良訳、創文社、三二一―三五頁）。

このような支配の形態に示されるヴェーバーの視点の特徴は、近代社会の合理性もしくは合法性と前近代的な伝統社会の非合理性もしくは呪術性とを対立的に立てる点にある。そして彼は伝統社会から近代社会への移行を「魔術からの解放」として捉え、『古代ユダヤ教』において預言者にはじまるとして捉えたこの解放の過程が『プロテスタンティズムの倫理と資本主義の精神』では一七世紀のピューリタンにおいて完成すると説いた。

しかしこのような近代社会と伝統社会の関係も現代の社会哲学者ハーバーマス（J. Habermas, 1929-）によって、二つの社会はともにコミュニケイション行為によって導かれていると批判された。彼は『イデオロギーとしての技術と学問』（長谷川・北原訳、紀伊国屋書店）では別の枠組みを提起し、「労働と相互行為」の根本的区別から出発する。この区別は若きヘーゲルのイェーナ講義における「労働と言語」に由来する。ハーバーマスは「労働」によって「目的合理的行動」を、「言語」によって「記号により媒介された意思疎通行為」としてそれぞれ捉え、この二つの行動要因によってどのように社会が形成されているかを解明した。そうすると近代社会と伝統社会という区別も合理化という単一な基準ではなく二つの行動要因のいずれがより重要であるかによって識別される。目的合理的行動は経済体系や国家機構において制度化され、相互行為は家族や姻戚関係の中で制度化されていく（『イデオロギーとしての技術と学問』六一―六二頁参照）。この二つの行動類型のうち相互行為が目的合理的行動を支配している社会が伝統的社会であるのに対し、目的合理的行動が相互行為を支配しているのが近代技術社会である。このように人間の対話行為の重要性が指摘されるようになった。

人間の社会的行動と自由

ところで現代人間学の創始者マックス・シェーラーは現象学の方法にしたがって人間が他者と協働する四つの形式を考察し、そこには本質を異にした四つの社会的集団と総体的人格の類型があり、それによって人々は互いに集団を形成する。こうして個体的人格と総体的人格との間の相互作用が生じ四つの形式が探求された。

① **群衆**　第一の社会的共同の形態は「群衆」であり、動物の間では「群れ」と呼ばれる。群衆は「感情の伝播と不随意的な模倣」によって社会的に統合されている。したがって群衆は共同体よりも低い社会集団である。

②生命共同体　第二の社会的共同の形態は「生命共同体」である。これは社会学的に「共同社会」と呼ばれるもので、共同感情・共同努力・共同思考・共同判断の内に構成される社会的な統一態である（『倫理学』上、吉沢伝三郎訳、白水社、二四〇頁）。生命共同体の一般的形式は家族・部族・国民である。しかし「共同社会なしには利益社会なし」と言われるように、生命共同体はすべての社会的・経済的契約に対し、また綿密に計画されたすべての社会に村し、本質的に先行している（前掲訳書、二四七頁）。

③利益社会　第三の共同の形態は「利益社会」である。これは生命共同体と対比すると、その特質は第一に個別者たちの人為的な統一態であって、そこには根源的な相互的共同体験はまったくなく、むしろ個別者間のすべての結合は「利益の追求」のような特殊な意識作用によって形成される。それは「人為的な」統合であり、利益社会の「目的」は当該の社会の特定の目標を達成すべく「約束」や「契約」によって結合した個々の人格によって追求される。この社会はその構成員にとって「快適価値」を追求し、文明の担い手としては「有用価値」を追求する。

④「人格共同体」　社会集団の第四の形式は「人格共同体」であり、救済の連帯性によって結びついている宗教的集団である。この社会的統一態は「自主的・精神的・個性的な総体人格の〈うち〉にある自主的・精神的・個性的な個別人格の統一態」として規定される（前掲訳書、

二五〇頁）。ここに「総体人格の内なる個別人格」の理念が示され、具体的な事例として「キリスト教的共同体」が挙げられる。ここには人格の比類なき価値と愛による万人の救済にもとづく連帯責任とから成る人格共同体が、古代社会の閉じた共同体と近代社会の打算的にして倫理的連帯性に欠ける利益社会とに対決して力説された。この人格共同体を結びつけているのは救済的な連帯の絆である。そこでの共同責任は、共通の救い・共通善・共通悪・共通罪責の意味で集団全体に対する共同責任が認められ、人格的レヴェルにおける霊的な愛が人格共同体の土台である。この愛および救済を目的とする共同体の全体は、諸人格の人格である神においてのみ実現される。そうすると人格共同体は霊的な愛にもとづく宗教的共同体として成立することになる。そこには個別人格と総体人格の関係のみならず、その両者の神との関係が問題となる。そこには秘奥人格の存在が示されるが、そこでの人格こそ霊性の担い手となっている。

秘奥人格としての霊性

これまで人格の社会的性格について論じられたが、人格は社会的役割に還元されない独自の中心をもっている。シェーラーはこの点を「秘奥人格」の概念によって解明した。人格は社会の構成員として生じる義務と権利とを所有しており、社会全体の内にある自己の存在を自覚している。こうした社会的人格は「この自己の全体を超えて独特の自己存在が突出しているのを感知し、この自己存在において各人は自己が孤独であることを知る。このような可能的な自己体験の本質形式において各人の所与性に到達するものをわたしは〈秘奥人格〉と名づける」（前掲訳書、二九三頁）。したがって人格は社会圏と秘奥圏とをもっており、この秘奥人格のゆえに社会的な共同生活のなかにありながらも人は孤独であることができる。それは金言に「わたしは孤独であっても、孤立していない」とある通りである。したがって「孤独は社会的な本質範疇である」（前掲訳書、二九五頁）ことになる。神との共同関係はこの孤独を排除せず、神の内でのみ秘奥人格は自己が裁かれたり、庇護されたりすることを知る。したがって人格が秘奥なる自己を最高度に体験するのは、宗教的共同体つまり教会に入ることによってである。なぜなら教会の中で絶対的に秘奥なる人格である神にいっそう近づく体験の層が開かれているからである（前掲訳書、二九八頁）。

これまでの考察で明らかなように、シェーラーは人格の個別性と総体性を共同体との関連において基礎づけたが、そこには秘奥人格と総体人格という二つの方向性をもった人格の動態が立体的に把握されている。それはキルケゴールの実存概念の二重性と似ている。実存概念には自己内関係と自己外関係という関係の二重性、つまり自己内の水平的関係と自己の外の神との垂直的関係との二重構造が見いだされる。シェーラーの人格概念にも共同体との水平的関係と自己の秘奥における神との交わりという二重構造がある。この二重構造はキルケゴールの場合には単独者として「神の前に立つ個人」が強調されたため、共同体との関連が消極的にしか捉えられていなかった。それに対しシェーラーは共同体との積極的な関連において人格を捉えながら、同時に神との内的な関係をも捉えた。これが可能になったのは、キルケゴールの実存がカントにおいて典型的に開花した主観性の立場にもとづいているのに対し、シェーラーは、カントに対決して最初から間主観性の立場に立って他者や共同体に関わっている自己存在を徹底的に追求したからである。このような自己理解は人格概念にも反映し、古代や中世において保たれていた人格の社会的性格を現代において復興させたばかりではなく、それも個人の人格的個性が単なる主観性からは捉えられない新しい観点から、つまり間主観的な観点から、人格を基礎づけることに成功した。

こうした個人は社会学者ジンメルによってかつて質的個人主義と呼ばれ、人格の内的価値は単なる社会的役割に解消できない深みをもっていると説かれた（本書終章を参照）。その際、ジンメルは社会的役割を担っている個人を内的人格に比較して質的に劣っていると解釈した。ところがシェーラーは人間が本質的に社会的であり、人格も共同体に深く根ざしている点を、間主観性の観点から把握した。それゆえ役割を担っている人格は個性を豊かに備えており、人格の独自性こそ共同体において役割を積極的に分担するものとして捉えられた。こうして人格の独自性は個人的でありながら同時にその個性のゆえに社会的である点が理解されるようになった。

意志の自由の諸段階

人間の意志が自由であるという場合にはどのような意志規定がありうるかということをこれまで考察してきた。その際、歴史における自由の諸形態をまず外的に観察し、これまでに意志規定が他律、自律、神律の中に求められてきたことにより自由の内実を明らかにした。そこでこれまでの考察をふまえて人間存在の全体から意志の自由の諸段階もしくは諸次元を統一的に把握してみたい。

(1)　意志の本性的自由

人間には知性と意志とが本性上賦与されていて、それらは人間の能力のなかでも最も高貴な働きであるとみなされている。知性は「自然の光」と呼ばれているように暗い世界を照明する光である。この光の下に意志が活動して具体的な行為が生じる。意志は単なる欲望と区別されて、

「表象にしたがって行為する能力」（カント）であり、意志は人間の下では知性的意志である。そして「その原理が行為者のうちにあるものが自発的である」（アリストテレス）と言われているように、意志の本質には自発性が具わっており、この力は選択において発揮される。知性は確かに意志に指示を与えるが、知性の指示とは違ったものを選択する自由が意志には残されている。このようなどちらをも選択できる、それ自身で善悪無記の未決定としての自由は、「最低段階」（デカルト）であっても、本性的な所与である。したがって一人の人だけが自由であるような専制政治やファッシズムの独裁下にあっても、独裁者の命令を拒否する自由は残っている。

このような意志の本性的自由は「自由意志」つまり「自由な決定力」として一般に認められている。とりわけかかる自由は日常生活において妥当しており、だれもこれを自己の下でも他者の下でも否定できない。もしこれを他者の下で否定するならば、もはや他者を人格としてではなく奴隷とみなすことになる。もちろんこのように他者を奴隷としても、現実には奴隷も人間であり、自由意志をもっている以上、いつまでも奴隷として留めることは本質的に不可能であって、もしそうでないとヘーゲルのいう「主人と奴隷の弁証法」という事態が生じてしまう。すなわち主人は自分だけを自由なものとみて奴隷の自由を奪い、自分の代わりに労働させ、その生産物を享受していても、現実には奴隷の血と汗の結晶である生産物に依存しているため、本当は不自由なのに、すこしもそのことに気づいていない。他方、奴隷の方は外見上は不自由にみえても、実際は他者に依存しないで、その労働によって主人さえも支えて、自由な存在を得させるほどに内実においで自由である。こうして、外観にとらわれないでより深く主人と奴隷との関係を洞察するならば、主人と奴隷の関係は逆転していることが知られる。

このように意志の本性的自由は否定しがたい事実である。しかし個人が、この本性的自由を現実の生活において実現してゆくには、さまざまな困難な問題に直面せざるを得ない。なぜなら単独の個人というものは頭の中で考えられたものにすぎず、現実には存在しないし、日々の経験により知られているように、わたしたちがいつも他者関係に巻き込まれているためである。

(2)　倫理的・政治的自由

「倫理」はわたしたちの「仲間」「間柄」「社会」における実践的法則を意味している。したがって、他者関係の中で自由はいかに実現されるべきかが次に問題となる。とりわけ近代に入ると古代や中世とは本質的に相違する自由の理念、もしくは信念が生じてきて、社会の中で「個人の自由」を主張するようになった。確かに人間が理性的に自律し個人として行動の主人でありうるという理念もしくは信念は、一般に近代的人間がもっている観念である。この自由の観念のなかには自己決定、自己創造、自己主権という中世においても認められている契機が含まれているが、このような主体的契機を秩序づけていた神学的形而上学的枠組みが近代に入ってから撤去されたため、無限に発展する衝動が加わり、自由の観念に近代的特色が生じてきた。

このようにして生じてくる個人の自由という観念は、バーリンも述べているように、古代世界にはなくルネサンスと宗教改革以前にさかのぼることはできない（『自由論』生松他訳、みすず書房、三一五頁）。この自由は外的強制からの自由であり、消極的性格をもっている。そこで自由の消極性と積極性についてまずカントにより明らかにしてみよう。

カントは自由を理論理性の立場からまず考察している。世界は自由を原因として生じているのか、それとも世界には自然の必然性しかないのかという、自由と必然との二律背反によってカントは自由を考察する。彼によると現象世界において自由は悟性をもっては認識できない超経験的対象であるが、理念（イデー）としてすくなくとも思惟することは可能である。だから自由は自然の必然性という強制からは独立したものである。こうして自由は理論的には強制からの自由として消極的に規定されている。次に意志を規定する実践理性の立場から自由は考察される。実践理性が本来自己立法的であることから、カントは意志がいっさいの経験的規定から独立して自由であること、つまり前述の自然の必然性からの自由（消極的自由）と同じであるばかりでなく、意志がみずから自己決定の力をもつ自律としての自由（積極的自由）であると主張する。

ここでカントの説く二つの自由は本性的なものであって、この二つの自由を現実の政治の領域にあてはめて初めて個人の自由の問題が生じてくる。そこで政治の領域における消極的自由と積極的自由について考えてみよう。政治的に自由であるというのは自分の行動が他者によって故意に強制されていない状態を一般に指している。「あなたが自分の目標の達成を他人によって妨害されるときにのみ、あなたは政治的自由を欠いているものである。単に目標に到達できないというだけのことでは、政治的自由の欠如ではないのだ」（前掲訳書、三〇五頁）とバーリンは言う。強制と隷従が他人の干渉によって生じている場合が不自由であって、この干渉のない、消極性にこそ政治的自由の本質がある。この自由の範囲をいかに規定するかは基本的人権や自然法をふくめて多くの議論の余地があろう。だが自由の擁護が外的干渉からの防御という消極性により求められ、干渉のない自由という個人的自由がヒューマニストのエラスムス以来説かれている。

他方、積極的自由は意志決定の自由（自由意志）によって規定されている。この自由をバーリンは次のように明確に述べている。「自由という言葉の積極的な意味は、自分自身の主人でありたいという個人の側の願望からくるものである。わたくしは自分の生活やさまざまの決定をいかなる外的な力にでもなくわたくし自身に依拠させたいと願う。……わたくしは客体ではなく、主体でありたいと願い、いわば外部からわたくしに働きかけてくる原因によってではなく、自分自身のものである理由によって、自覚的な目的によって動かされるものでありたいと願う。……決定されるのではなくて、みずから決定を下し、自分で方向を与える行為でありたいと願うのであって、外的な自然あるいは他人によって、まるで自分がものや動物や奴隷であるかのように働きかけられることを欲しない。少くともこれが、わたくしが理性的であるといい、わたくしを世界の他のものから人間として区別するものは、わたくしの理性であるというときに、意味していることがらである」(前掲訳書、三一九頁)。ところがこのような理性的自律としての積極的自由が外的強制のない自由と結びつくと、いっさいのものを自己により創造してゆく神のような全能性を身に帯びてこざるを得ないであろう。これこそ政治的にはファシズムを生みだす根源となっていないであろうか。

こうして政治的にいうなら外的強制からの自由としての消極的自由は、個人の自由の観念のように近代人のいだいた信念もしくは信仰であって、自由はまさに一つのユートピア的理念にほかならない。また自己の主人でありたいという積極的自由はファシズムにまで発展する可能性を秘めている。ここに「個人の自由」の問題性がある。この自由は外的強制からの自由として消極的概念である。もしこの自由を積極的自由として把握するならわたしたちを自己の行動の主人たらしめ、主体性の絶対視にまでいたるであろう。現代の実存主義者の中にはサルトルのようにこの種の自由を主張する者もあるが、現存在の有限性の自覚、フロイト学派の理論、マルクスのイデオロギー論等により、個人の自由が現実性を欠いた空想にすぎないことが理解されるであろう。さらに、この自由は空想的なものであるばかりでなく、その本質において「自己破壊的弁証法」を惹き起こすということをベルジャイエフは説いている（『歴史の意味』氷上英広訳、白水社、一七一、一八七頁参照）。つまり人間の自己肯定の自由は高次の目標に結びつかないと自己破壊を起こすというのである。したがって他者を排除してまでも自己を自律的に主張すると、ある運命的重力が生じてきて新しい悲劇を招来するという。だから自由であるはずの人間の意志がもはや自らコントロールできない外力の玩弄物となっている。これは言葉の厳密な意味での自由の「自己疎外」である。

こうして「個人の自由」はあの消極性の中に向かわざるを得なくなる。つまり目的達成を妨げているものからできる限り遠くへ離れて、何らかの鎖国政策やモンロー主義によって内なる自己の領域内に自己支配を確立する方法が採用されることにならざるをえない。そこには実現できないものは欲しないという禁欲主義、内的自己への逃走というストア主義、政治的孤立主義、経済的自給自足策などが見られよう。道徳的にはカントが説いたように欲望に対抗してそれを支配し、内面において理性的自由を確立し、「全自然の規制からの自由と独立」（カント『実践理性批判』（前出）一二七頁）を求め、そこにヒューマニズムの核心たる「人格性」を見いだすことができる。外的圧制の強かったフランスの旧体制のもとにおけるルソーの信条も同じ傾向を示す。「自分のなしうることを欲し、自分の欲することを行なう人は真に自由である」と彼は言う。こうして個人の自由は内面性への移住を強いられ、外的障害から逃避し、結局無力とならざるをえない。しかし、自由はむしろこのような障害を克服してゆくことによって実現されるのではなかろうか。

（3）意志の宗教的・実存的自由

宗教を倫理的政治的に考えることは可能であるが、宗教の本質や核心については実存的にアプローチすべきである。しかし、ここでは先の消極的自由と積極的自由とが宗教の領域においていかなる問題を惹き起こすかについてだけ考察してみる。

もし宗教において消極的自由があるとしたら、それは神の律法からの自由であり、それがいっそうラディカルに説かれると律法自体の排棄にまでいたる。これが無律法主義、もしくは反律法主義であり、宗教改革時代の熱狂主義者のように過激な行動による分派を生むであろう。それに対し積極的自由の立場は理性による自律にもとづいて道徳的功績（功徳）により自分の義を確立することを目ざすであろう。オッカム主義の影響下にルターは修道院でこの精神に立って義認への準備に努めるが挫折する。彼によると人間は自分の行動の主人たり得ない。したがって積極的自由は支持しがたいことになる。彼の『スコラ神学を反駁する討論』の第三九提題には「わたしたちは初めから終わりにいたるまでわたしたちの行動の主人ではなく、かえって奴隷である」（WA. 1, 226, 6f.）と主張され、ここから「奴隷的意志」の学説が立てられるようになる。

しかしルターは宗教的自由を神から授けられた「受動的義」（iustitia passiva）によって成立する賜物と考えているから、この賜物の優れた価値のゆえに新たに自由の主体性を宗教的に説いている。『キリスト者の自由』のはじめのところで「キリスト者はすべてのものの上に立つ自由な主人であって、誰にも従属しない」という。ところが彼はそれに続けて反対命題を立て「キリスト者はすべてのものに奉仕する僕（奴隷）であって、誰にも従属する」と付け加えている。こうして宗教的自由においては自由が奉仕と、主人が奴隷と逆説的に結びつけられている。もちろん彼はこの矛盾を心身の人間学的区分法によって解こうとして全体を展開させている。しかし、このような主張は合理主義者エラスムスには全くの矛盾としてしか映らなかった。だが、実際に矛盾したことをルターは説いていたのであろうか。それはこの書の終わりのところでキリスト教的人間が信仰と愛に生き、もはや自分のためには生きない、と説いていることにより明らかになろう（WA. 7, 38,5.）。こうして宗教的自由は本質的に他者に向かう行為であって、結局「自己からの自由」として把握されている。だからこそ「自由の主人」が「奉仕する僕」たりうるのである。この自由はエラスムス的「個人の自由」とは異質であり、かえって「個人からの自由」ともいえる。なぜなら信仰は自己を解放し、自己を超えて高く飛翔し、神にまで昇り、愛にもとづいて再び下降し、隣人愛の実践に生きるため、他者との共同の生を志す実践的主体となっているからである。この自由を彼は「あたかも天が高く地を超えているように、高くあらゆる他の自由に優っている自由」（WA. 7, 38, 14.）として規定している。しかし、近代においてこのような自由も世俗化される運命にあった。

このように積極的自由の概念は、宗教に適用されると功績主義もしくは道徳主義に陥るか、または信仰による愛がプロテスタンティズムの職業倫理と結合して世俗化され、近代的市民の自由へ変質していくかするであろう。

宗教的自由が既述のように神律的次元に立っていると、そこから生じる倫理は自己を超克して他者に向かう愛、自己愛を原則的に超克した愛に立脚しており、他者との共同の生を目ざしている。一般に他者との共同を目ざす道徳的命法は、人間が可能的にもっているものを実現すること、すなわち人格共同体において人格となることを命じている。だが、この道徳的命法が無制約的性格をもつ場合、それはカント的実践理性の自律をいい表わしているのではなく、無制約的、究極的かかわりを示すものであり、宗教的基礎にもとづいている。

ところで人格共同体は人格としての他者への関係において成立しており、他者との相互的関係は交わりの愛に基づいている。この愛の源泉たる神の愛は人間関係の正義を創造し、正義を含むとともに正義を超える究極的道徳原理である。キリスト教の使信においては、愛は神の愛に根ざす超越的源泉をもち、それゆえに普遍的であるが、同時に個々の状況に具体的に応答しつつ現われる。この具体的状況の変転する世界における倫理はカイロス（正しい時）による倫理である。そして愛だけは、どのカイロスにも現われるが、法はそうはいかない。愛は法と制度を要求するにしても、愛は他者との共同を目ざして新しいカイロスにおいては常に法と制度とを内的に変革しながら、新しい法と新しい倫理体系を創造する。愛がこのように具体化される方法の表現が倫理にほかならない。愛のこのような根源的他者志向の中にわたしたちは「共同律」という新しい意志規定が存在していることを知ることができよう。

終章　個性的人格主義と共同律

　これまでヨーロッパにおける自由概念の歴史的変遷の跡を学んできたが、終わりに人間観の変化から自由の問題を再考してみたい。古代社会では人間は社会の力によって保護されたので、個人の自由は本質的に認められていなかった。しかし同じ古代にあってもキリスト教の人格の理解では神との関係で人間的な自由を経験してきた。そこには罪と死からの解放としての自由が説かれていた。ここから神の恩恵と自由という問題が提起され、中世から近代にかけてこの問題が追求された。ここにヨーロッパ的自由の特質が認められるが、自由はやがて教会からの自由として求められ、さらに教会と結びついた旧体制（アンシャン・レジーム）からの自由がヨーロッパ各地で求められ、とりわけフランス大革命で自由・平等・博愛のスローガンのもとに追求された。こうしてカントは理性的自律を自由として追求し、ヘーゲルは社会生活の中に自由の実現を求めた。

現代世界の状況と自由の問題

しかしこうした近代的な自由は社会や他者から独立した形で自由を追求した結果、他者や社会から孤立するようになると、近代的な自我は社会や他者から分離した独我論に陥っていった。こうして自由はいつの間にか個我と自己主張欲に変質していった。またフランス革命の頃から大衆の登場を警告する声はすでに聞こえていた。さらに、産業革命の機械化の時代がもたらされ、その声はますます大きくなり、「マス化された人間」が社会の諸階層に侵入し、社会組織を脅かすまでになった。オルテガの『大衆の反逆』はこの現代社会の問題をもっとも明確に提示した。彼によると社会は少数者と大衆との動的統一体であるが、少数者が特別の資質をもつ集団であるのに対し、大衆はこの資質をもたない人々の総体である。だから大衆とは主に「労働大衆」を指すのではなく「平均人」であり、彼らは非凡なもの、傑出し、個性的で選ばれた者、つまりエリートを席巻し、自分と同じでないものを締めだす。これはキルケゴールが『現代の批判』のなかで「公衆」と呼んだ「水平化」をひき起こしているものと同じである。「公衆はなにかある巨大なもの、すべての人々であってなんぴとでもない抽象的な、住む人もない、荒涼として空虚な原野なのだ」（『現代の批判』桝田啓三郎訳、岩波文庫、四〇三頁）と彼はいう。

　フランス革命から次第にその姿が露呈してきたこのような人間の姿は近代的な人格主義の破綻以外の何であろうか。カントによって代表される人格主義は道徳法則を遵守する近代的な市民の生き方であった。そこには法の前での平等という自由の意識が認められるが、それは当然のことながら万人に妥当するものであった。しかしこの普遍性は万人に平等に当てはまるがゆえに、皆が同じということで、具体性を欠き、内実が抽象的なものであった。だが、そこには自我の肥大化という無限に巨大化する膨張力が秘められていた。それが権力を自己の手中に集中させたファシストを生み出すことになった。このことを語る前に近代的自我の膨張力を如実に示す人間像をゲーテの傑作『ファウスト』から提示してみたい。

近代人ファウストの自我膨張力

　ファウストはルターと同じ時代の神話的人物であり、あらゆる学問を修めるも、知的絶望に陥ってしまう。哲学も法学も医学も、そしていまいましいことに神学も研究したと彼は冒頭で語る。これらの学問は当時のドイツの大学の全学部に当たる。彼はこの知識をひっさげて学生たちの上に巨匠のごとく君臨してきたけれど、反省してみると本当は何も知らない。そこで彼は絶望に陥っていく。「そして知ったのは、おれたちは何も知ることができないということだけだ。それを思うとこの胸が裂けんばかりだ」（手塚富雄訳、以下同じ）。これはソクラテスの説く「無知の知」と同じ内容の自覚であるが、ソクラテスの場合はここから知を愛し求める哲学の探求生活に入ってゆくのに対し、ファウストは知識に絶望したあげく、魔法に手を出す。そして大地の霊を呼びだすが、「お前はおれに似ていない」といって拒絶されたため、自殺を決意する。その時復活節の鐘の音を聞いて死を思いとどまり、祭りにでかけた帰り道にむく犬の姿を借りて近づいてきたメフィストフェレスと結託して俗世間に入ってゆく。彼が悪魔と契約したときの言葉に近代人の精神的本質が見事に表現されている。

おれには快楽が問題ではない。
おれは陶酔に身をゆだねたいのだ。
悩みに充ちた享楽もいい、恋に盲いた憎悪もいい、吐き気のくるほどの観楽もいい．
さっぱりと知識欲を投げすててしまったこの胸は、
これからどんな苦痛もこばみはせぬ。

そして全人類が受けるべきものを、
おれは内なる自我によって味わいつくしたい。
おれの精神で、人類の達した最高最深のものをつかみ、
人間の幸福と嘆きのすべてをこの胸に受けとめ、
こうしておれの自我を人類の自我にまで拡大し、
そして人類そのものと運命を共にして、ついにはおれも砕けよう。

ファウスト的人間像はここに内なる自我の激烈な衝動に駆られて自律する姿とそこから生じる運命とに基づいて形成される。しかもこの自我は本質において力であり、不断に拡大し、膨張してゆく特質をそなえている。このエクスパンションという特質こそ、ほかならぬ近代資本主義社会を推進させている経済力に固有なものであって、この特質のゆえに経済と人間とを一つに結ぶ運命が近代人に宿ることになる。つまり膨張と拡大はあたかも風船をふくらませていって生じるように、破裂する運命を宿している。しかもファウストは「ついにはおれも砕けよう」と語って破滅の宿命を予感しながらも自らの意志によって自己のうちに招き入れざるを得ないのである。
近代社会を形成した市民の基本的徳目は勤勉であった。勤勉な人は仕事に熱心で、世俗の楽し

みをしりぞけ、禁欲的に働き、その結果、富を蓄積するようになる。だが、この富が財神マモンとして猛威をふるって支配しはじめると、勤勉は飽くことのない搾取へと変質してゆく。こういう人は頑張りのきく強い人間であるが、頑張るというのも、その内実をよく見るなら、我を張り、自分の欲望をどこまでも拡大してやまない精神に支えられているのだ。この近代人の自我はやがて人類大にまで膨張し、その可能性のすべてを味わいつくして、人類と共に破滅することを欲するほどの恐るべき力を発揮するようになる。ファウストの悲劇はこの自我が辿る運命を描いている。いかに美しい瞬間に出会ってもそこに立ちとどまるなら滅びざるをえないという宿命は、女性に対する愛と政治的事業とを越えて無限に拡大する道をたどる。こういう人間の胸のうちに巣喰っている欲望は、神々に等しい偉大な存在に憧れるだけではなく、同時に地上のもっとも汚らわしい情欲の陶酔をも味わい尽くそうとする。こうして彼は天上と地上の方向とに二元的に内心が分裂する、心の病に苦しむ。ここに近代的自我像の一つの典型がある。

近代ヨーロッパが経験したこの種の運命は世界史的規模でも起こってくる。たとえばヒトラーのナチズムが世界大戦を勃発させたことがその典型的な事例である。ここに近代的自由が生み出した大問題が起こってきた。

「無形の大衆」とヒトラー

先に述べた大衆と独裁者との関連についてドイツの政治学者レーデラーは『大衆の国家』のなかで、「大衆が独裁者をつくり、独裁者が大衆を国家の永続的基盤たらしめる」(『大衆の国家――階級なき社会の脅威』青山・岩城訳、東京創元社、一二六頁)と言う。こういう相互扶助の関係はナチス・ドイツに典型的に見られたものであった。現代の独裁者は、個性を欠いた「無形の大衆」という社会の崩壊の産物であり、この崩壊状態、つまり熱狂的暴徒によって彼らの支配が確立されたといえよう。歴史家ノイマンも『大衆国家と独裁』のなかでこの点について次のように明解に語った。「第一次大戦後の革命運動の目的ならびに本質は、家族まで含めたあらゆる自治的グループを解体し、明瞭な社会的意志をもたぬ一つの群集に仕立てることにあった。そのような群集は、常に圧政的指導者を要求し、感情的に動かされ満足を与えられることによってのみ結束を保つものである。それは常に動的な過程の中に置かれねばならず、鎮静は不可能である。これが現代の独裁的大衆国家の基礎である」(『大衆国家と独裁』岩永・岡・高木訳、みすず書房、一一六頁以下)。このような現代の圧政的指導者たる独裁者は彼によると「デマゴーグ」(扇動政治家)として民衆の友であり、次に「運動機構の統率者」つまり「大衆の組織者」であり、しかも、その本質は非社交的で超然とした「限界的人間」であり、さらに世界を唖然たらしめたいという素人じみた願望をもつ「冒険家」で、武器をもつ人々を率いる勇猛な「傭兵隊長」という性格をもつ（前掲訳書、五九―七六頁参照）。

こういう独裁者の特色は「対話」の能力を欠いている点にも明らかである。ムッソリーニもヒトラーも無類の演説家であり、演説の役割を重大視する。ヒトラーは「世界史上のすべての革命的大事件は、語られた言葉によってもたらされた」と語って、言葉の意義を誇張した。大衆は彼の演説によって魅了されるとともに、彼も大衆から電流にふれたような衝撃をうける。演説はモノローグ形式であり、この大衆的語りの習慣は個人的会話や対話の意味をなくしてしまう。「彼はまるで相手が公衆であるかのように話す」と彼を訪ねた人々が印象を述べている（前掲訳書、六〇頁）。言葉による演出力が彼の独裁政治のテクニックになった。「政治とはあらゆるテクニックの許される遊戯だ」と彼はいう。ここには対話の精神はまったく見当たらない。

軍隊的日々命令

「命令されることを嫌う者は命令することを好む」と言われる。現代の独裁者ではこのことは真理であり、大衆運動と戦争状態のなかに人々をおき、自己自身についてや、また、自己の共同体などについて考える余裕を与えないために、宣伝活動が行われる。大衆国家のなかでは、言語が軍隊的な日々の命令へと転落してゆく。スイスの評論家ピカートの『われわれ自身のなかのヒトラー』が分析して見せたこのような言語現象はすぐれている。言葉の解体運動が言葉の内的な結合と連関を破壊するように強制することがヒトラーのもとで起こった。

> 言葉は、何事かが生じつつあるという記号にはなる、がしかし、最早なんらの生成をも呼び覚《さま》しはしない。言葉はもはや創造性をうしなっている。それは単に号令するだけである。そこにはたらいているのは瞬間的な号笛、号令の怒声である。現実は号令されているのだ、もはや創造的に生み出されているのではない。……ここにおいて、われわれはヒトラー的絶叫に到達したわけである。いまや言語は軍隊式日々命令へと――最早いかなる行動をも生み出しはせず、すでに準備された行動に対してただ「現われて来い」と呼びかけるにすぎない台詞の末語へと――貶されたのである（『われわれ自身のなかのヒトラー』佐野勝也訳、みすず書房、七五頁）。

この日々命令の支配は事物だけでなく新たな人間をも創造することになった。大衆としての人間は相互の結びつきを欠き、無連関的で空無へ崩壊している支離滅裂な無形の自己であるが、これが日々命令の支柱でふたたび自己を寄せ集めて創り出される。否、ヒトラー自身もそうである、とピカートはいう。

「しかしながら、聴衆だけではなくヒトラー自身があまりに無連関的であったから、彼も日々命令によって初めて一つの明確さ、一つの中心点を、自己自身に与えることができたのである。……そして彼は不遜にも、自己の周囲の人間たちだけではなく、自己自身をも創造した神ででもあるかのように自惚れて、得意であった。だが、彼は決して言葉によって世界を創造した神、また自身が言葉であった神ではなかった。彼は偶像――その正体が日々命令であるところの偶像――なのであって、日々命令の偶像として自己自身を創造し、日々命令の拝脆《はいき》者として人間たちを創造したのである」（前掲訳書、七八頁）。

このようなその日その時の号令によって動員される人間としての大衆は、思考しない個人の寄せ集め、群衆にすぎず、それはただ集団的強制による怖るべきモノローグたる日々命令によって形が与えられ、激烈な感情的言語が大衆を操作する便法となった。こういった命令的語り方は、知力と意欲の充実した昼間ではなく、それらが弱まり他人の弁舌に引かれやすい夜に効果を発するとヒトラーはいう。しかも大衆集会は多数が集まっただけで、この心理効果をあらわす。彼はいう、「大衆集会の必要な所以《ゆえん》は、一つの運動に参加しようとし、自己の孤独に耐えられぬ個人が大衆集会に出席して、はじめて大きな一体感を懐く点にある。個人はいわゆる大衆的暗示の魔力に屈服するのである」（前掲訳書、二〇七頁）と。考える個人がいない大衆集会では感激に訴える演説が効果的であり、実に「言葉こそ感覚の真に偉大な変革を生み得る唯一の力である」（前掲訳書、二〇九頁）と、この現代のカリクレスは叫ぶ。しかしこのデマゴーグ的変革が「弁舌の徒」によって生じうるというのは幻想にすぎない。フランス革命には百科全書家がおり、ロシア革命にはマルクスとレーニンが理論的な支えを提供した。そこには思想を持たない個人、社会の秩序を無視する過激な直接行動、日々命令で動員されるロボット集団には「無形の大衆」つまり「暴徒」の刻印がおされており、思想の源泉である対話の精神はまったく影をひそめている。

どこからこのような自我は起こってきたのか。近代精神は個人主義の立場から強力に自己を確立するに当たって神学から独立し、すべてを人間自身に即して考察した。ここに近代のヨーロッパの人間学が誕生する。そこにはライプニッツにいたるまでキリスト教神学を前提とし、また少なくとも神学を含めて哲学を確立し、意志学説でも神によって立って、神律的に自由意志を把握しようとしてきたのが西欧の伝統であった。啓蒙主義者カントはその伝統から訣別したのである。

個性的人格主義の意義

先に指摘したカントが強調した個人的な人格性は尊厳をもっており、すべての人に妥当する普遍性があっても、他でもないこの普遍性のゆえにかえって抽象的となってしまう。それに対しシュライアマッハーは青春時代の作品『独白』のなかで「質的な人格主義」を説くようになり、具体的な人格は抽象的なものではなく、個性的なものであると説いた。わたしたちは今日このような「個性」に注目すべきであろう。なぜなら各人はその個性によって特定の役割を分担し、相互的な間柄に立って、社会生活を円滑に営むことができるからである。それゆえカントが説いた万人に共通な人格性一般ではなく、個別的な人格の重要性をここに強調すべきであるように思われる。

というのも個性はすべてその独自性をもっており、確かに独自な個性的存在にして初めて、他者と積極的、かつ、具体的に関わることができるからである。ここで強調すべきことは、自然が人間に対し賜物たる才能を一様化して与えないで、多様な所与という形で与えるほうを選んでおり、所与の才能の多様性によって人間の個性化が促進されることである。それゆえわたしたちは、自然が各自に天与の才能の特殊性をどのように授けているかを正しく認識し、個性を磨くようにすべきである。個性はきわ立った性格を各人に刻みつける。それによって特殊な役割を分担することを可能にし、多様性によって相互的な共同性を実現させる。あたかも歯車の凹凸のように、相互にかみ合う共同関係は個性において成立しており、個性的であるがゆえに他の個性と協力し合い、そこから共同性や社会性が成立する。こういう相互に質的差異をもった人格の協働こそ、共同的な間柄関係を担う倫理的実践の主体なのである。

ところで哲学者にして社会学者であったゲオルグ・ジンメルがシュライアマッハーの独自な思想を初めて「新しい個人主義」と命名したことが想起される。彼はこの優れた思想の発見を次のように語った。

単に人間は平等でなく、差異もまた道徳的義務であるという偉大な世界史的思想は、シュライエルマッヘルによって、世界観の転回点になる。即ち、絶対者は〔自らを縮減して〕個性的なものという形式でのみ生きるという観念によって、また、個性は無限者を制限するものではなく、それを表現し表示するものであるという観念によって、分業という社会的原理が世界の形而上学的基礎に加えられる（『社会学の根本問題』清水幾太郎訳、岩波文庫、一二四―一二七頁）。

シュライアマッハーはロマン主義者フリードリヒ・シュレーゲルとの親交を通してこのような思想に到達したのであった。彼はその青春時代にこのロマン主義の影響を受けこの考えを受容した。彼によれば、各人が独自の方法で人類を表現することこそ、道徳的任務である。

ジンメルによるとこの個人主義は一八世紀の「量的個人主義」に対して「質的個人主義」と呼んでもよいし、「単一性の個人主義」に対して「唯一性の個人主義」と呼んでもよい。恐らくロマン主義が最も大きな水路で、この水路を通って、それは一九世紀の意識へ流れ込んで行ったのだと捉えた。そして次のように言う、「ロマン主義者における生命は、気分や使命、信仰や感情における対立物の自在な変化によって、社会像の安定を表現する。即ち、各個人が他の個人との差異により、また、自己の存在と活動との人間的唯一性により、初めて自己の生存――個人的にも社会的にも――の意味を見出す、そういう社会像の安定を表現する」（前掲訳書、一二七頁）と。

三つの意志規定

意志規定には「他律」(Heteronomie)と「神律」(Theonomie)と「自律」(Autonomie)という三つの類型があると考えられる。この類型によってヨーロッパ精神史が解明されるのではなかろうか。この神に従う生き方という神律は自律と対立しているのであろうか。一般的には神律は他からの命令によって行動する他律と同義に理解されている。神が自己にとり他者であるなら、そう考えられるのも当然であろう。だが、神はわたしたちにとり異質であっても、よそよそしい他者であろうか。神が律法をもってわたしたちを脅かしたり、刑罰の恐れを惹き起こしたり、わたしたちが律法の外面的遵守により神に対して合法性を主張しようとするなら、その時には神律は他律となっている。他方、神の恩恵によって新生し、自発的に善い行為をなそうと励むような場合はどうであろうか。そのとき神律は自律を内に含んでいることにならないであろうか。エレミヤの「新しい契約」のように心の内に神の法が刻み込まれている場合や神の愛に応答するイエスの愛の教えのごとく、神律は自律の契機を内に含んでいるといえよう。こうして神律には外面化して他律となる方向と、内的な変革による自律の方向とがあるのではなかろうか。

一般的にいっても徹底した自律の主張は、現実には稀れであって、どこまでも貫徹しうる性質のものではなかった。カントはその『宗教論』の中で根本悪を説かざるを得なかったし、エラスムスも「わたしには多少のものを自由意志に帰し、恩恵に多大のものを帰している人々の見解が好ましいように思われる」といって、恩恵を排除するどころか、自由意志を最小限のところにまで後退させている（D.Erasmus, Ausgewählte Schriften, Bd.IV, De libero arbitrio, diatribe sive collation, IV, 16.）。

（1）　神律とは何か

そこで自律と神律とが相互に深くかかわっている点を考えてみよう。というのは神律は自律との関係を通してわたしたちに開かれてくるからである。たとえばパウル・ティリッヒは次のように語っている。

神律とは他律とは反対に、超越的内実をもってそれ自身法にかなった諸形式を実現することである。それはカトリック的権威思想のような意味で、自律を放棄することによって成立するのではなく、自律が自己を超出する地点まで達することによって成立する（Theonomie,

RGG. 2 Auf., Bd. 5, Sp. 1128)。

この文章の前半は神律文化の形成について語っており、その後半は自律の深化と自己超越によって神律が成立すると説いている。この自律を放棄すると他律となるが、自律を徹底させて自己を超越することによって神律に達すると述べられている点が重要である。ティリッヒは自律と神律との関連について「その神的根拠を知っている自律が神律である。しかし、神律的次元なき自律は単なるヒューマニズムに堕落する」(『キリスト教思想史Ⅱ』佐藤敏夫訳「ティリッヒ著作集」別巻三、白水社、四二頁)とも説いた。わたしたちの意志は、キルケゴールが鋭く指摘しているように、自らの力によって立とうとすると目眩《まい》を起こして倒れざるを得ない(『不安の概念』桝田啓三郎訳、世界の名著「キルケゴール」二五九頁)。このように有限な意志は神の力によってのみ再起しうるのであって、神の恩恵によって内的に新生した意志のあり方こそ神律であるといえよう。

(2) 神律による自由の拡大

事実、神の恩恵によって自由意志はいっそう自由となっている。自然本性的な自由はここでは超越的な神との関係の中で自由を拡大させている。アウグスティヌスは言う、「自由意志は健全になるにつれて、いっそう自由になるであろう。しかし、自由意志は神の憐れみと恩恵に服することに応じていっそう自由となるであろう」（『手紙』157, 2, 8）と。この自由の状態を彼は「自由とされた自由意志」という。自由意志は本性的な機能としては「生まれながらの属性」であるが、堕罪後は神の助けがなければ罪を犯さざるをえないような「拘束された自由意志」である。この「拘束された自由意志は単に罪を犯すことができるだけである。神によって自由とされ、たすけられていなければ義をなしえない」（『ペラギウス派の二書簡駁論』III, 8, 24）。こうして自由は三段階の発展を経験することによって質的に高められる（このアウグスティヌスの三段階説はもっともよく知られた図式では、①無垢の状態「罪を犯さないことができる」、②罪の奴隷状態「罪を犯さざるを得ない」、③キリストによる新生「罪を犯すことができない」から成立している）。ここに神律的な自由がある。

恩恵に基づく神律的な自由

ヨーロッパ思想史に展開する「恩恵」概念をわたしたちはこれまでその最初の源泉から考察しはじめ、ヨーロッパの中世と近代にまで発展した軌跡をライプニッツにいたるまで解明した。だが啓蒙時代にはいると大きな変化が起こり、恩恵概念が思想史からその姿が消えるようになった。そこにはヨーロッパ近代の啓蒙主義を代表するカントが、理性的自律を確立するに当たって神学から独立し、人間自身に即してすべてを理解するようになった。こうして、彼はヨーロッパ的伝統から離れ、ライプニッツにいたるまで神学を前提とし、またすくなくとも神学を含めて哲学を確立してきた、西欧の伝統からカントは訣別している。そのような時代環境が今日まで継続しており、現代になるとアウグスティヌスの恩恵論が何も意味をもたないとまで考えられるようになった。

これまでわたしたちは「恩恵」という概念をキリスト教の歴史のなかで考察してきた。すでに説明したところではあるが、ヨーロッパの知的な伝統においては、「恩恵」概念は二つの意味を元来もっていた。ギリシア語のカリスが優美さ・恩恵・感謝などの意味をもち、まず「自然によって授けられた恩恵」をとくに表し、キリスト教によって強調された「赦しとしての恩恵」と区別された。ペラギウスは恩恵を第一の意味で考えた。しかしそれはキリスト教から見れば異教のギリシア的な教養（パイデイア）に由来する。それに対してキリスト教ではそれを「イエス・キリストの恩恵」もしくは「罪の赦し」として理解した。ここで両者を分かつ決定的な契機は「罪」の理解にあった。しかし、この鍵となる罪の概念が啓蒙思想によって消滅する運命をもっていた。

(1)　二つの自由

序論でも指摘したようにわたしたちは自由を一般に障害や強制がないと自由が増大したと感じる。しかしそれは傷害や強制がない「消極的自由」であって、意志が自分で決断する「積極的自由」から区別される。こうした強制のない消極性に政治的な自由の本質がある。現実には自由が一定の条件で成立するがゆえに、自由の障害となっているものが除去、もしくは緩和されれば、自由は拡大する（この二つの自由について詳しくはバーリン『自由論』生松敬三他訳、三〇五―一九頁参照）。

それに対し積極的な自由と言うには、自分の行動を何らかの外的な力ではなく、自分自身に依拠させたいと願うときには、自由意志という積極的な自由が問題となってくる。この積極的自由が働いて初めて、政治的・社会的・文化的自由も大いに促進される。すでに詳しく解明したように、古代末期や宗教改革ではこの自由を宗教的に捉え、創造的な力を発揮して、新しい社会を形成していった。

ところが近代の啓蒙主義は、その合理性の主張によって神の恩恵や人間の罪などを迷妄として排除した。その結果、外面的な生活と科学技術では繁栄をきわめたが、内面的な精神では無神論とニヒリズムに陥ってしまった。この点ではヨーロッパを手本にして近代化を追求してきた日本でも、同じ精神状況にあるといえよう。近代文化は宗教性を切り捨てて世俗文化を繁栄させてきたが、宗教のもっている文化形成力が今日再考される必要があるといえよう。

（2） 近代的自律の問題性

すでに指摘されたように、カントはこの意志の自律によって倫理学の基礎を見いだし、それを他律と対比させて明瞭に説いた。カントによれば自己の理性の立てた普遍的な法則にしたがって行為する意志が自律であり、その他の自然必然性や傾向性（快不快・自愛・幸福）にしたがう行為はすべて他律である。「意志の自律とは、意志が〔意志作用の対象のあらゆる性質から独立に〕かれ自身に対して法則となるという、意志のあり方のことである」（『人倫の形而上学の基礎づけ』野田又夫訳、世界の名著、二八六頁）

このような自律こそ義務をして強制とも必然ともみなさない主体的契機であり、道徳の最深の基礎となっている（この思想はルネサンス時代のヒューマニストであるピコ・デッラ・ミランドラに由来している。Pico della Mirandolla, De hominis dignitate, ed. Garin,p. 106）。しかし、この自律は「理性的な自律」である。というのは自律の根拠が外的原因から全く自由な、人間のうちにある理性の能力に求められたからである。「悟性」（Verstand, ratio）が感性的表象を判断により結合する働きであるのに対し、「理性」（Vernunft, intellectus）はそのような表象からも自由であり、「理念」（Idee）の下で純粋な自発的活動をなし、感性界と知性界を区別し、知性界に属するものとして「人間は、彼みずからの意志の原因性を、自由の理念のもとにおいてしか考えない」（カント『人倫の形而上学の基礎づけ』（前出）二九九頁）。そして自然法則が感性界の根底にあるように、道徳法則は理念において理性的存在者の行為の根底に存在している、と説かれた。このようにカントは理性の純粋な自発性のうちに自律の根拠をとらえている。

この理性的自律は理論的には可能である。カントは言う「あなたはそうあるべきである、それゆえになし能う」（Du kannst, denn du sollst.）と。この命題はペラギウスとカエレスティウス、およびエラスムスにおいてすでに説かれていた（カエレスティウスの命題については本書六四頁。エラスムスの場合については一一〇頁参照）。ところで、そのように「あり得る」とは「可能的な自由」である。これがたとえ観念的であったり理想主義的であっても、この前提を欠いては道徳的な責任も反省も生まれてこない。それゆえ彼は道徳性を合法性から区別した厳格主義を標榜し、「私の内なる道徳法則」に対する感嘆と崇敬の感情を表明している。このことは律法に対する服従から出発するルター的思考とその軌を一にしている。

ところでカントによると人間は現実には理性のみならず感性によって大きな影響を受け、人間の意志が転倒している事実を認め、『宗教論』でこれを「根本悪」(das radikale Bose)とみなし、キリスト教の原罪の教えに同意している。

根本悪とは道徳法則を行動の動機とするか、それとも感性的衝動を動機とするかを意志が選択するさい、どちらを他の制約にするかという従属関係によって意志は善とも悪ともなりうるが、正しい従属関係に立つ道徳秩序を転倒することによって、悪は自然的性癖となり、人間の本性にまで深く根づいている事実をいう(『宗教論』飯島・宇都宮訳、「カント全集9」理想社、五七—五八頁)。

カントは「自律」の上に確立したさい、「他律」と「神律」を同一視する誤りを犯した。たとえば『啓蒙とは何か』において他律の生き方に「わたしに代わって良心をもつ牧師」の実例を挙げている(『啓蒙とは何か』篠田英雄訳、岩波文庫、八頁)。カントはここで良心の概念を世俗化している。ルターの伝統では良心は神の言葉と相関的に立てられ、他のものによって代替できない。したがって「やましい良心」は各人の自覚から生じ、恩恵によって救われて新生し、神律に到達する。

(3) 恩恵による自由の高揚

事実、神の恩恵によって自由意志はいっそう自由となっている。自然本性的な自由はここでは超越的な神との関係の中で自由を拡大させている。アウグスティヌスは言う、「自由意志は健全になるにつれて、いっそう自由になるであろう。しかし、自由意志は神の憐れみと恩恵に服することに応じていっそう自由となるであろう」(『手紙』157, 2, 8) と。ここに恩恵に基づく神律的な自由がある。この恩恵による自由はルターによれば、自由の中でも最高のものである。彼は『キリスト者の自由』の終わりのところで次のように語った。

キリスト者は自分自身においては生きないで、キリストと隣人とにおいて生きる。キリストにおいては信仰によって、隣人においては愛によって生きるのである。キリスト者は信仰によって自分自身を越えて神の中に至り、愛によって再び神から出て自分自身の下にまで至り、しかも常に神と神の愛とのうちに留まりつづける。ちょうど、キリストがヨハネによる福音書第一章〔五一節〕で「天が開けて、神の天使たちが人の子の上に昇り降りするのを、あなたがたは見ることになる」と言われているとおりである。見よ、これこそ真の霊的なキリスト教的自由であって、あらゆる罪と律法と戒めから心を解放するものであり、天が地と隔たるように、他のすべての自由に優る自由なのである（徳善義和訳、ルター著作集、教文館二九五頁）。

このような神の恩恵による自由をデカルトもかつて推奨していた。「確かに、神の恩恵も、自然本性的な認識も、けっして自由を減少させるのではなく、むしろ増大し強化する」（『省察』三木清訳、岩波文庫、二七七頁）。デカルトは偶然性や未決定性を自由の最低段階として位置づけ、神の定めた真と善との明証的認識に従うことが人間の最高の自由であると説いたことが想起される。さらにヘーゲルも「最高の共同は最高の自由である」と説いた点を考察すべきである。

現代社会における自由

昔わたしは三十歳代のはじめに、飛行機でヨーロッパに行ったことがあり、まだやっと南回りが始まった頃で、真夜中にインド上空を通過したことがある。真っ暗な地上にも車のヘッドライトがたまに認められたが、そこはほとんど光はなく、宿命が支配していることが直観された。それに対するわたしはテクノロジーの力によって外国にまで行こうとしている。現代ではこのように自然本性的な選択の自由が拡大しているのに気づいた。確かに現代社会は選択によって造り出される。こうしてわたしは宗教社会学者バーガーの説く現代性の特質が「宿命から選択」へという大きな変化であると考えるようになった。

彼によると昔の人たちは大抵宿命の世界ともいうべきものの中に暮らしており、現代のテクノロジーによって開拓された広い選択系列がそこにはない。確かに前近代的な伝統社会は明快な慣行によって行動を支配する社会であって、そこでは評価の対立がありえない。それに対して、近代社会に生きる人の現代意識には宿命から選択への移行が伴われており、行動の外的な規範は希薄となり、自由が拡大し、伝統社会の「宿命」が近代社会の「選択と決断」に変わったと説かれていた。

確かに、航空機という交通手段により自由は地理的に拡大しており、現代人はそれを享受している。しかし、このような自由は単に外面的な人間の行動に関するものに過ぎず、この自由を支えている人間の現実は依然として変わっていない。しかも現代人の自由は共同体から分離した孤立した個人の自由であった。孤立した自由は真の自由ではない。むしろ他者との共同においてこそ真実の自由は拡大される。こうしてヘーゲルのいう最高形態の自由「最高の共同は最高の自由である」が探求されなければならない。この最高形態をわたしたちはアウグスティヌスの恩恵論に見いだすことができる。彼は神との協働関係において授与された自由を説いた。神との共同＝協働が考え得る最高の共同であるがゆえに、ヘーゲルの言う最高の自由は神の恩恵によって授けられる形態以外にはないといえよう。

有名な大作『カントからヘーゲルへ』の著者クローナーは、自由と恩恵とを分離して考える観点を一貫して批判し、キリスト教的な恩恵はキリストにおける恩恵であって、自由な被造物との関連における自由であると説き、自律の思想としての問題性を指摘する（『自由と恩寵』福井一光訳、教文館、一五、八五―八七、一二二頁参照）。

アウグスティヌスとペラギウス派との論争をとおして樹立された「恩恵」概念をこれまでその源泉から考察しはじめ、ヨーロッパの中世と近代にまで発展を考察した。ところがすでに指摘したように啓蒙時代に入ると大きな変化が訪れ、恩恵概念が思想史からその姿が消えるようになった。とりわけカントは理性的自律を確立するに当たって神学から独立し、人間自身に即してすべてを考察した。こうして、ライプニッツに至るまで神学を前提となし、また少なくとも神学を含めて哲学を確立し、意志学説の上でも恩恵に基づいて自由意志を把握しようとしてきた西欧の伝統からカントは遠ざかった。このような変化が今日まで継続している。それに対しアウグスティヌスが説いた恩恵学説はどのような意味をもっているのであろうか。

自己とは何かという問いは、「汝自身を知れ」と叫んだ古代ギリシア人の昔から、わたしたちにとって最も重い課題の一つである。近代になって、個人の強い自覚のもとに自己の主体性の確立が求められ、自己理解は「自我」の哲学へと収斂する。しかし、他者との共同関係から離脱した自己を本来的自己とみなし、そのような自己形成の道を主体性の確立と考えることによって、近代人はかえって危機的な精神状況に追い込まれているといえよう。価値観が多様化し、それぞれの主張が鋭く対立し合っている中で、共存の道を探求すべきである。わたしたちは他者との「あいだ」に目を向け、自己理解のあり方を改めて把え直す必要に迫られている。その場合、神との「邂逅」によって開かれる「あいだ」を基礎にした新しい生を訴えるキリスト教の使信は、わたしたちの自由の拡大をもたらした。

そこでわたしたちは人間の「あいだ」に様々な角度から光をあて、「関係としての自己」、「間柄存在」としての人間のあり方の解明を試み、追求すべきであろう。この試みは「哲学的考察というよりもキリスト教思想を用いた宗教哲学的考察」であるが、そこには、キリスト教信仰を開かれた思想の場に投げかけつつ、あくまでも具体的生活の場で自己理解の道を求めることが重要である。

そこでまずわたしたちは近代的「自我」の哲学がもっている自己破壊的運命を明らかにし、間柄存在としての人間の再認識を正しく確立すべきである。近代の特質は「自我」という自己理解のあり方にあらわれているが、それは自己を他の実在への依存を断ち切る「自律」として、「自由」の主体として把握してきた。このような近代的自我が現代にもたらした精神的状況は、他者の無視、無神論、理性の崩壊の三つにまとめることができる。現代は「主体性が自己主張欲にまで変貌し、他者と共同して営んでいる関係の世界を喪失」した時代であり、したがって、「自己確認は他者との共同生活のただ中で行なわれるべき」ことを認識し、近代的思考の修正へ、すなわち「主体性から他者と邂逅し関係のなかにある相互主体性へ」と向かわねばならない。

そこで問われているように、現代における最も重要な問題として「理性の崩壊」現象を取り上げ、現代人は理性を技術的理性に局限してしまったためにかえって自己疎外に陥ったが、もともと理性は世界における人間の位置を正しく確立し、人間らしい生活を導く力であると言えよう。それゆえ人と人との「あいだ」に生きて働く理性（ロゴス）の対話的性格を再認識し、理性の否定ではなくその復権を図ることが大切であろう。さらにわたしたちが「あいだ」を問題とする場合、神との関係、人と人との関係（社会的関係）に加えて、もう一つ人間の自然的な所与の事実を指摘することができる。

そこで人格の個性的特質が重要な課題をわたしたちに提供していることを指摘しなければなら

ない。というのは自然はわたしたち各人に一人として同じではない個性を授けているからである。自然は同じ自然本性を人間に授けているとはいえ、その内実を検討してみると、各自に異なる個性を授けたので、各人は優れた「個別性」と「独自性」を授けられており、これによって各自が個別的な役割を担って相互に協力して社会を形成するように方向づけている。ここからお互いに協力し合って自己形成をなすように自然は導いている。それゆえに自然斉一の原理は人間には単純に適用できないことを認識すべきである。このことは対話的な本性を人間が自然から授けられていることにもよく現れている（金子晴勇『現代の哲学的人間学』知泉書館、八六頁以下参照）。

「最高の共同は最高の自由である」と共同律の提唱

これまでわたしたちは自由の概念をキリスト教の歴史においてもっぱら考察してきた。前にも述べたようにヨーロッパの知的な伝統においては、「恩恵」概念は二つの意味をもっていた。ギリシア語のカリスが優美さ・恩恵・感謝などの意味で使われたのに対し、キリスト教によって強調された「赦しとしての恩恵」と区別された。ペラギウスが恩恵を第一の意味でしか考えることができなかった。ところがキリスト教的な恩恵概念は「イエス・キリストの恩恵」として「罪の赦し」として授けられる宗教的な概念であった。

このことは自由の理解にも反映している。一般的にいって自由は政治的な領域で論じられるが、ヨーロッパ的な伝統ではそれに先立って人格的な問題として捉えられ、しかも最高価値である神との関係で宗教的に考察し、強固な土台の上に基礎づけられてきた。ここから自由をめぐる歴史上の大論争が生まれ、今日のヨーロッパ精神の土台を形成している。

(1) 自由の拡大

わたしたちは自由を一般に「障害や強制からの自由」とみなす傾向をもっている。これでは障害や強制がないという「消極的自由」となって、意志が自分で決断する「積極的自由」ではない。この積極的自由が文化の根底において創造的に作用して初めて、政治的・社会的・文化的自由も促進される。ヨーロッパ古代末期と一六世紀の宗教改革はこの自由を宗教的に捉え、創造的な力を発揮して、新しい社会を生みだしていった。

ところが啓蒙主義は、その合理性の主張によって神の恩恵や人間の罪などを迷妄として排除したため、外面的な生活では繁栄を極めるにいたったが、内面的な精神においては無神論とニヒリズムに転落していった。

（２）　理性的自律の問題性

カントはこの意志の自律によって倫理学の基礎を見いだし、それを他律と対比させて明瞭に説いた。このような自律こそ義務をして強制とも必然ともみなさない主体的契機であり、道徳の最深の基礎となっている。しかし、この自律は前にも述べたように「理性的な自律」である。というのは自律の根拠が外的原因から全く自由な、人間のうちにある理性の能力に求められたからである。このようにカントは理性の純粋な自発性のうちに自律の根拠をとらえた。

この理性的自律は理論的には可能である。カントは言う「あなたはそうあるべきである、それゆえになし能う」と。

このようなカントの理想主義は新時代の倫理を「自律」の上に確立した際、先にも指摘したように「他律」と「神律」とを同一視する誤りを犯したのであった。たとえば先に指摘したように他律の生き方に「わたしに代わって良心をもつ牧師」の実例を挙げている。カントはここで良心の概念を世俗化している。良心はわたしたちの行動を決める最終審であった、ルターの思想では良心は神の言葉と相関的に立てられ、「やましい良心」は恩恵によって救われて新生し、神律に到達する。なぜなら神の恩恵によって新生し、自発的に善い行為をなそうと励むような場合には神律が自律を内に含んでいるから。神律には恩恵に基づく内的な変革による意識規定が認められる。

(3) 恩恵による自由の高揚

これまで説いてきたように神の恩恵によって自由意志はいっそう自由となっている。つまり自然本性的な自由はここでは超越的な神との関係の中で自由を拡大させている。アウグスティヌスは言う、「自由意志は健全になるにつれて、いっそう自由になるであろう。しかし、自由意志は神の憐れみと恩恵に服することに応じていっそう自由となるであろう」(『手紙』157, 2, 8)と。この自由の状態を彼は「自由とされた自由意志」という。自由意志は本性的な機能としては「生まれながらの属性」であっても、堕罪後は神によって自由とされ、たすけられていなければ義をなしえない。ここに恩恵の基づく神律的な自由がある。

現代社会は自然本性的な選択の自由が拡大し、個人の自由な選択によって形成される。そこには「宿命から選択」へという大きな変化である。昔の人たちは大抵宿命の世界ともいうべきものの下に置かれており、現代のテクノロジーによって開拓された広い選択系列がなかった。したがって前近代的な伝統社会が明快な慣行によって行動が定められた社会であって、そこでは評価の対立というものはない。それに対して、近代社会に生きる人々現代意識には宿命から選択への移行が伴われており、行動の外的な規範は強制力を失い、自由が拡大し、伝統社会の「宿命」が近代社会の「選択と決断」に変わったと言われる。

確かに、自由は拡大し現代人はそれを享受している。しかし、このような自由は単に外面的な人間の行動に関するものに過ぎず、この自由を支えている人間の現実は依然として変わっていない。しかも現代人の自由は共同体から分離した孤立した個人の自由であった。孤立状態の自由は独立であっても、真の自由ではない。むしろ他者との協働によって真実の自由は再建しなければならない。そこにはヘーゲルのいう最高形態の自由「最高の共同は最高の自由である」が探求されなければならないであろう。このような生き方を共同律、もしくは協働律として今日確立する必要がなる。しかし協働はときとして「徒党を組んで悪をなす」頽落態に転落する傾向をもっている。それを回避するためには神による支えがなければならない。つまり他者との協働は他者なる神との協働によって支えられて初めて真の力を発揮する。さもないと常に悪に転落する傾向性と運命から人間は自由ではない。それゆえ神律に基づく共同（協働律）が要請される。

したがってこの共同律の最高形態をわたしたちはアウグスティヌスの恩恵論に見いだすことができる。彼は神との協働関係において授与された自由を自由の拡大として説いたからである。それは自由の質的な高揚を伴っている。わたしたちにとっては神との共同が考え得る最高の共同である。それゆれ先に引用したヘーゲルの言う「最高の共同は最高の自由である」は神の恩恵によって支えられた他者との協働の形態によって確固とされなければならないといえよう。

付論　真理は自由を与える

イエスは自分を信じたユダヤ人たちに言われた、

「もしわたしの言葉のうちにとどまっておるなら、あなたがたは、ほんとうにわたしの弟子なのである。また真理を知るであろう。そして真理は、あなたがたに自由を得させるであろう」（ヨハネ福音書、八・三一―三二）。

ヨハネ福音書はその冒頭で人々の意表をつく語り方をもって「はじめに言葉があった」と語りだし、ロゴスの讃歌を記している。この讃歌は当時の教会の讃美歌から採用されたもので、その後のヨハネの叙述から独立したものだといわれているが、周知のようにこのロゴスという言葉はギリシア哲学でもっとも重要な概念に属している。だがヨハネは哲学のみならず、わたしたちが思想的にももっとも関心を寄せざるを得ない言葉を多く語っている。そのなかで「真理」と「自由」を取り上げて、「真理が与える自由」について学んでみたい。

わたしが初めて真剣に自由について考えたのは、戦後朝鮮戦争が開始され、再び暗い影が日本に押し寄せて来たときであった。社会的な危機感に襲われて「何がわたしたちに本当の自由を与えることができるのか」とわたしは問うたのであった。当時マルクス主義と実存主義が盛に叫ばれており、そのいずれかの世界観に与するように強いられたが、わたしは奇妙にも、マルクス経済学を学びながら、同時にキルケゴールの実存哲学にも引きつけられていた。そこで、どちらが真に自由を与えるものかと問いながら、わたしは二つの世界観を同時に学び続けて行った。しかし残念ながら世界観というものはその性格上必然的に一面的な観点に立ってすべてを論じるため、どちらからも満足のゆく解答を得ることができなかった。実存主義者たちは主体性を強調して個人の自覚を求めるが、社会主義者たちは個人よりも階級や社会の方が重要であると言う。だが社会なしに個人は生きられないし、また個人なしに社会もあり得ない。個人は他者といかに関わって生きるか、他者との間柄をいかに生きるかが最大の問題であることに次第に気づいていったのである。

いま、わたしたちが考えてみたい真理および自由という事柄は永い歴史をとおして人類が探求し続けてきているものである。ところで、この真理と自由を聖書は、実は、前述の間柄、つまりわたしは他者との関わりのなかでわたしであり得るという観点から把捉しているように思われる。そこで聖書が語っているところに注意を向けてみたい。

さて、真理とは何か。それは本当のことである。では本当のこととは何か。人々は一般に科学的に証明できることがそれであると言う。近代の学問は自然科学と社会科学とによって形成されてきているため、科学的に立証されないものは真理ではないと考えられている。このような真理は何ごとにも距離を置いて外から冷静に観察し、科学的に処理して捉えられるものである。しかし、真理とはただ科学的にすべて解明されうるものをいうのであろうか。

ヨハネ福音書には総督ピラトとイエスとが真理について問答をしている場面が描かれている。イエスは危険な思想の持ち主として捕えられ、ローマの極刑である十字架につけるよう人々から要求されていた。イエスはピラトの前で自分の国はこの世のものではないが、それでも、わたしは王であり、真理について証言するために来たのである。だから「だれでも真理につく者は、わたしの声に耳を傾ける」（一八・三七）と語ったのに対し、ピラトは「真理とは何か」とイエスに質問している。ピラトはイエスの語る真理について疑念をもち、このように問うたのであるが、おそらく一般的な常識では理解しがたいイエスの思想に彼が直面している事態が、よく示されているといえよう。

そこでヨハネ福音書が真理をどのように捉えているか、その特質について考えてみたい。まず「真理に付く者」と言われていた点に着目するなら、同じような表現に多く出会う。つまり「真理に立つ者」（八・四四）「真理を行っている者」（三・二一）と述べられており、真理とは何かと理論的に考察するのとは全く相違して実践的な関わり方が重視されている。この点は「隣り人とはだれのことか」という律法学者の質問に対しイエスが問い返して、「だれが強盗に襲われた人の隣り人に成ったと思うか」と語ったことに符合している（ルカ一〇・二八—三八）。自分の生活と切り離して冷静に真理について理論的に考えるのではなく、「真理に付く」決断によって実践的に関わってゆくことをイエスは説いている。だから「真理に付く」というのは、今までの生活の転向をなす悔い改めへの決断を言っているのである。

次に真理は人格と結びつけて捉えられている。「わたしは真理である」とイエスは言う。この真理は「道」とも「生命」とも語られ、それが「肉と成った」（ヨハネ一・一四）ことを表明している。それゆえ、イエスは神の真理を聞いたままに人々に語り伝える啓示を自分の使命であるとみなしている。「わたしは真理を語っている」（八・四五）。こうして真理は単に理論上の事柄ではなく、何らかの行為・出来事・具体的人格と結びつき、歴史のなかで「行なわれたもの」、それがわたしに関わってきて出会うもの、「邂逅としての真理」（ブルンナー）であることが判明する。「わたしたちはメシア（訳せばキリスト）にいま出会った」（一・四一）。また「ヨセフの子ナザレのイエスにいま出会った」（一・四五）と聖書は記している。

こうしてイエスに出会って、この人をわたしのキリストとして告白する出来事が新約聖書の伝えようとする内容となっている。それゆえ、この救いの真理は外側から観察して証明されるものではない。また歴史学によって実証できるものでもない。科学的研究だけでは通じない、人格と人格との触れ合う間柄において、この真理は生起している。こういう邂逅の真理こそ聖書が教えているものである。わたしたちはイエスに出会った、そしてそこに真理が形をとって実現するのを見た、これこそヨハネが真理という言葉によって明らかにしているものである。

だがヨハネ福音書が真理につづけて自由を語っている点は、わたしたちにとって理解しにくいといえよう。「真理はあなたがたに自由を得させるであろう」とあるが、真理を知ることがどうして自由を意味するであろうか。次にこのことを考えてみよう。

このことを明らかにするためにイエスとオイディプスとを比較してみたい。フロイトがオイディプス神話からエディプス・コンプレックスという深層心理を明らかにしたように、この物語はさまざまに解釈できる内容をもっており、いま問題にしている真理と自由についてもわたしたちに教えるところが多いと思われる。ソポクレス作『オイディプス王』を読むとすぐれた知性の人オイディプスが自らの武力をもって知らずして父を殺し、知力をもって、スフィンクスの謎を解きテーバイの王に迎えられるも、その結果、自分の母と結婚するという宿命を自分に招き寄せてしまったこと、そしてこういう運命が次第に明らかになってゆく様が描かれている。その際、わたしたちはオイディプス王が自分に隠されていた真実相つまり真理を探求しようとし、自己の宿命を徹底して追求しようとした点に注目すべきである。

このオイディプスとイエスとを比較してみると前者は神話的人物であり、後者は歴史上の人物である相違はあっても、両者とも王者である点がまず似ている。もちろん世俗の王と神の国の王とは異質である。だが、二人とも大きな苦難を負うている点で共通している。オイディプスは自己の宿命を知り、自ら目をくりぬいて呪い、自己を追放刑に処し、放浪の旅に出る。神の子のイエスも最も悲惨な刑罰である十字架にかけられ、神に呪われた者として最後をとげる。このようによく似た生涯を送った二人であったが、人生の最後の死についての見方が全く相違している。

オイディプスは自分の運命から解放してくれるのは死である。死が自分の救いなのであると言う。

救い主はすべての者に最後には等しく現われる。
ハデスの運命が、結婚のことほぎの歌もなく、
竪琴の楽も、踊りも伴わずに、現われる時、
そうだ、最後には死だ。（『コロノスのオイディプス』高津春繁訳、岩波文庫、七二頁）

オイディプスは死がすべての人に平等に訪れるものであり、これにより重荷から解放されると言う。死は恵みであり、彼は喜んで死を迎える。個人の運命を澄んだまなざしで見、そこに真理を捉えようとすれば、これこそ真実であり、これ以外は虚偽としか考えられない。この死の真実があるからこそ、彼の現在の生活は忍従に耐える気高い心となっている。「わずかなものをおれは乞い、それよりももっとわずかなものを得るだけで、おれは満足するのだ。忍従、これを数々の不幸、おれが共に生きて来た長い年月、最後に気高い心が教えてくれるからだ」（前掲訳書、九頁）。

ギリシア的知性はここにもっとも深い自由を捉えている。人生の現実をそのままに見て、そうあらねばならないと認めたとき、雄々しくも気高い心でそれを生きぬくこと、これが自由である。プロメテウス的反抗の自由も実はするどい知性によって見抜いた現実認識によって裏打ちされて

いる。後にスピノザが「必然性の認識がすなわち自由である」とこの自由を明瞭に定義した。人生に描いた美しい夢が破れたとき、こうあらねばならなかったのだと知ること、そうしてそれを気高い心で生きぬくこと、ここにギリシア的知性がとらえた自由がある。

こういう自由に対しイエスの説いている自由はいかなるものであろうか。イエスは十字架にかかる道を歩んでいったが、自分は真理に従って生きていると確信していた。真理とはイエスが神について見、かつ証しているものである。一言でいえば、それは神が愛であるということである。運命は呪うべきものであったとしても、なおその内奥に神は愛であることをイエスは説いている。彼が喜んで十字架の刑を受けたことは、十字架の運命を彼が担うことによって神の愛が明らかになり、これによって人々が救済されるという真理が啓示されるためであった。この救済が罪からの解放としての自由である。自由となった者はいままでの生き方をやめ、新しいイエス・キリストとの交わりの中に入れられているのである。これが「真理に付く」決断と前に言われていたものである。

オイディプスは人間の現実がその深層においていかに悲惨な運命を宿しているかということを真理として説いた。この悲惨な宿命をイエスは神の愛によって克服しようとした。ここに真理の二つの見方がある。一つは現実をありのままに見るということであり、もう一つは同じことを神の眼によって見るということである。この二つの見方の相違は、ちょうどわたしが失敗をやって恥かしさのあまり目をあげることができないのと、わたしの先生なり指導者なりが、試行錯誤によってわたしが少しずつ真理を学ぶようになることを知っているのとの相違である。譬えでいえば、それは醜く不潔な末娘のシンデレラのなかに未来の王女の姿を見るようなものである。目下のシンデレラはありのままでは見るに耐えられないものであるが、神の目には輝かしい王女の姿が映っている。したがってギリシア的知性をもってありのままに見る真実相と、神の目をもって見る真実相とは同じ一つの現実を見ていても全く異なっているのではなかろうか。キリスト教は人生のありのままの姿を見ながら、同時に神の目でもって見ることを教えている。

最後にオイディプスと愛娘のアンティゴネとの父子関係もイエスのそれとよく似ていることを指摘しておきたい。臨終を迎えたオイディプスは二人の娘に次のように言う。

子供らよ、今日のこの日、お前たちの父親は世を去るのだ。おれのすべては滅び、おれを養うためにお前たちはもう苦しむことはないだろう。それは重い荷だったな、娘たち。だがたったひと言がすべてこれらの苦しみを解消する。このおれのお前たちへの愛情はなんぴとにもまさる深いものだ。だが、これからは、そのおれなしで一生を暮すのだ（前掲訳書、九〇頁)。

こうして父と子はとわの別れを告げる。アンティゴネは一人になって次のようにつぶやく。

不幸への憧れなどというものがございましたなあ!
わたしが父を抱いていますうちは、
楽しいわけがないものも、楽しかったのでございます(前掲訳書、九頁)。

この言葉は不幸の運命の只中にあって父子の愛の交わりの比類なき価値を歌っている。イエスも自己の使命を、天の父と自分との交わりのなかに人々を招き入れるために自分は遣わされたのであると述べている(ヨハネ一七・二〇―二一)。イエスの神に対する父子関係、つまり「交わり」こそ神の愛の生きて働いている場所なのである。この愛の交わりの中に入ってゆくことによってわたしたちは愛の人となるのである。

こうしてキリスト教の教える自由とは外的強制のないことでも、自分の欲することを実現する能力つまり自律でもなくて、イエスとの交わりに加わり神と他者とのあいだを喜んで生きる交わりの自由であることが理解されるのである。

あとがき

わたしの学生時代に当時文学部長であった吉川幸次郎が何かの機会に「東洋にはリベルテ（自由）という観念がない」とふと漏らされたのを聞いて驚いたことがあった。その頃は仏文科の教授であった桑原武夫のルソー研究が時代をリードしていたことから、このように述懐されたように思われる。それ以来わたしは自由の概念がヨーロッパの歴史ではどのように展開したのかと考えるようになった。わたしは高校生の頃からルターの『キリスト者の自由』を繰り返し読んでいたので、この作品を中心にして自由思想の歴史を研究してみたいと願うようになった。

わたしの研究はヨーロッパの思想史のなかでもルターとアウグスティヌスであったから、「自由意志と恩恵」をめぐる問題を研究し続け、『近代自由思想の源流――一六世紀自由意志学説の研究』創文社、一九八七年を完成させることができた。この著作ではルターとエラスムスの間に交わされた自由意志論争を歴史に遡って詳論したが、その際、この問題がヨーロッパでは新しく展開したのでさらにライプニッツまでの論争史を辿りながら、カントによる自由思想の問題点を考察した。カントは理性的な自律を自己の思想の根幹に据えることで近代自由思想を大きく変えることになった。わたしも最初はカントの自由論を学び、それが近代自由思想の優れた成果であることを認めてきた。しかしヘーゲルによるカント批判、および彼の他律理解が根本的に誤っていることに気づき、ここからヨーロッパの自由思想の理解をいっそう深めることができた。

永い期間にわたってヨーロッパ思想史の研究に携わってきたが、わたしは本書においてこれまでの自由に関する歴史研究をできるだけ簡略にわかりやすく叙述してみた。そこには同時に実存思想を対話の哲学によって克服するというわたし自身の哲学の課題も解き明かされている。それは人格概念の新しい理解と自律に代わって人間の倫理の基礎に他者との協働によって成り立つ「共同律」を提唱することに示されている。

本書の出版に際して知泉書館の社主小山光夫氏にはいつものことながら多大な負担をかけてしまったことをお詫びしなければならない。それはわたしが何度も書き換えたことから、文章の多くの箇所を修正しなければならなかったことによる。同氏の激励と援助なしには本書は完成しなかったであろう。ここにそのことを記して衷心からの感謝を表したい。

二〇二二年一〇月二〇日

金子晴勇

人 名 索 引

事 項 索 引

ア 行

カ 行

サ 行

タ・ナ　行

ハ～ラ　行

金子　晴勇（かねこ・はるお）
昭和 7 年静岡県に生まれる。昭和 37 年京都大学大学院文学研究科博士課程修了。聖学院大学総合研究所名誉教授，岡山大学名誉教授，文学博士（京都大学）
〔主要業績〕『現代の哲学的人間学』『キリスト教人間学』『ヨーロッパ人間学の歴史』『現代ヨーロッパの人間学』『愛の思想史』『エラスムスの人間学』『アウグスティヌスの知恵』『アウグスティヌスの恩恵論』，『宗教改革的認識とは何か―ルター『ローマ書講義』を読む』，ルター『後期スコラ神学批判文書集』，ルター『生と死の講話』『ルターの知的遺産』『エラスムス「格言選集」』，エラスムス『対話集』，グレトゥイゼン『哲学的人間学』，（以上，知泉書館），『ルターの人間学』『アウグスティヌスの人間学』『ルターとドイツ神秘主義』『マックス・シェーラーの人間学』（以上，創文社），『ヨーロッパ思想史―理性と信仰のダイナミズム』（筑摩選書），『宗教改革の精神』（講談社学術文庫），『アウグスティヌス〈神の国〉を読む―その構想と神学』（教文館）ほか。

〔「自由」の思想史〕　ISBN978-4-86285-372-1

2022 年 10 月 20 日　第 1 刷印刷
2022 年 10 月 25 日　第 1 刷発行

著　者　金　子　晴　勇
発行者　小　山　光　夫
印刷者　藤　原　愛　子

発行所　〒 113-0033 東京都文京区本郷 1-13-2
電話 03（3814）6161 振替 00120-6-117170
http://www.chisen.co.jp
株式会社　知泉書館

Printed in Japan　印刷・製本／藤原印刷